Alabed

Ich bin das Mädchen aus Aleppo

Bana Alabed

Ich bin das Mädchen aus Aleppo

Aus dem Englischen
von Katharina Förs, Heide Horn
und Christa Prummer-Lehmair

LÜBBE

Dieser Titel ist auch als Hörbuch und E-Book erschienen.

MIX
Papier aus verantwortungsvollen Quellen
FSC® C083411

Titel der amerikanischen Originalausgabe:
„Dear World. A Syrian Girl's Story of War and Plea for Peace"
Für die Originalausgabe:

Published by arrangement with the original publisher, Simon & Schuster, Inc.

Foto der Aleppo Zitadelle, Seite 25, aus Flickr, von Johan Siegers CC BY 2.0
Alle anderen Fotos im Innenteil entstammen dem privaten Archiv der Familie Alabed.

Für die deutschsprachige Ausgabe:

Textredaktion: Angela Kuepper, München
Umschlaggestaltung: Manuela Städele-Monverde
Einband-/Umschlagmotiv: © Monique Jaques/Getty Images
Satz: Helmut Schaffer, Hofheim a. Ts.
Gesetzt aus der Neutra Text und der Minion Pro
Druck und Einband: CPI books GmbH, Leck – Germany

Printed in Germany
ISBN 978-3-7857-2617-4

5 4 3 2 1

Sie finden uns im Internet unter: www.luebbe.de
Bitte beachten Sie auch: www.lesejury.de

Ich widme dieses Buch allen Kindern,
denen in Kriegen Leid geschieht.
Ihr seid nicht allein.

… die Hoffnung
belebt uns,
gibt uns wieder Mut,
macht uns wieder stark.

Anne Frank

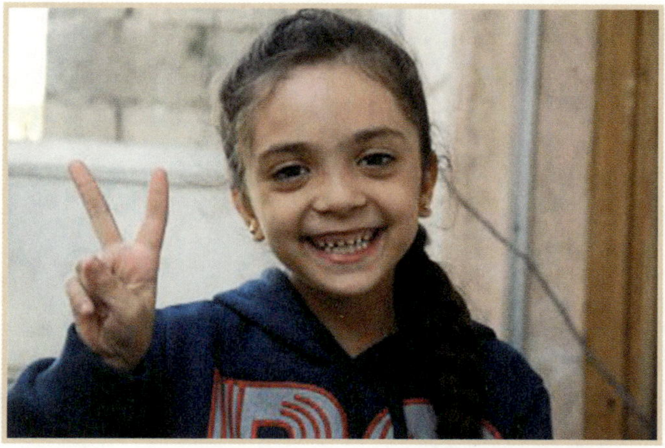

Anmerkung der Autorin

Ich freue mich sehr, dass ich die Gelegenheit hatte, ein Buch zu schreiben, denn ich liebe Bücher und lese für mein Leben gern. Ich kann gut schreiben, weil ich viel Übung habe, aber trotzdem brauchte ich bei diesem Buch ein wenig Unterstützung. Meine Mama und mein Herausgeber halfen mir, meine Geschichte auf Englisch zu erzählen. Auf den folgenden Seiten schildere ich, was ich im Krieg erlebt habe – die glücklichen Zeiten, die schrecklichen Zeiten und alles, woran ich mich erinnere. Dabei habe ich mich bemüht, nichts auszulassen und alles genau so darzustellen, wie es gewesen ist. Ich hoffe, mein Buch gefällt Ihnen. Ich hoffe, wenn Sie es gelesen haben, haben Sie den Wunsch, anderen Menschen zu helfen.

Der Tag deiner Geburt war ein wunderschöner Junitag, Bana. Warm, strahlend und wolkenlos. Ich blickte aus dem Fenster meines Zimmers im Krankenhaus, die Hände auf meinem gewölbten Bauch, und spürte, wie du dich in mir bewegtest, als könntest du es kaum erwarten, hier zu sein. Ich dachte bei mir, dass es keinen perfekteren Tag für den Beginn eines neuen Lebens geben könnte. Einen Moment lang vergaß ich die Schmerzen der Wehen und die Angst vor dem, was vor mir lag – stattdessen stellte ich mir vor, wie ich schon bald auf diesem Bett sitzen und dich fest in den Armen halten würde. Du würdest zum ersten Mal diesen strahlenden Sonnenschein erblicken und seine Wärme auf deinem Gesicht spüren – die ersten kostbaren Augenblicke deines wunderbaren Lebens.

Wir hatten lange auf dich gewartet. Nicht nur dein Vater Ghassan und ich, sondern auch all deine Tanten und Onkel und vor allem deine Großeltern, die sich nach einem ersten Enkelkind sehnten. Als mein Vater meine Heirat mit Baba arrangierte, kamen unsere Familien überein, mit der Hochzeit zu warten, bis ich die Schule abgeschlossen haben würde. Und dann wollten wir ein wenig gemeinsame Zeit als Paar verbringen, um uns besser kennenzulernen, bevor wir Kinder bekämen. Aber da Ghassan und ich die jeweils ältesten Kinder unserer Familien sind und die ersten, die geheiratet haben, warteten alle ungeduldig darauf, dass wir für Nachwuchs sorgten und es wieder ein Kleinkind in der Familie gäbe. Schon kurz nach unserer Hochzeit mahnte bei jedem Abendessen oder Familienbesuch unweigerlich irgendjemand, meist Großmutter Alabed: „Es wird Zeit für ein Baby."

Was sie nicht wussten: Ich hatte Schwierigkeiten, schwanger zu werden, und musste mehr als ein Jahr lang viele Ärzte aufsuchen. Mit jedem Monat, in dem sich wieder nichts getan hatte, stieg meine Angst, dass es nie passieren, dass ich nie Mutter werden würde. Eines Tages, mitten in diesem immerwährenden Kreislauf aus Hoffnung und Enttäuschung, machten Baba und ich einen Spaziergang um die Zitadelle von Aleppo, einen meiner Lieblingsplätze. Die alten Steinmauern schenkten mir immer ein Gefühl von Sicherheit und Frieden. Aleppo ist eine der ältesten und am längsten durchgängig bewohnten Städte der Welt, Bana. Hast du das gewusst? Dieser Gedanke tröstete mich ebenso wie das Gefühl der Verbundenheit mit unserer Geschichte und unseren Vorfahren, die im Laufe von Jahrtausenden diese Wege gegangen waren.

Hier waren immer viele Menschen unterwegs, Familien und Paare, und auch an jenem Tag war es nicht anders. Die Leute genossen den Frühlingsanfang. So war das vor dem Krieg – eine Aneinanderreihung ganz gewöhnlicher Tage: Dein Vater ging zur Arbeit, und ich verbrachte die Zeit mit Besuchen bei deinen Großeltern und mit Einkäufen fürs Abendessen, half Großmutter Alabed beim Kochen, und nach dem Abendessen machten wir einen kleinen Spaziergang.

Es fällt schwer, jetzt daran zu denken. Wir nahmen es als selbstverständlich hin, dass es immer so weitergehen würde. Wir konnten nicht wissen oder auch nur erahnen, was die Zukunft für uns bereithielt. Niemals hätten wir uns vorstellen können, dass dieser Ort, an dem wir vorbeischlenderten – diese Zitadelle, die Jahrhunderte überdauert hatte –, so gut wie zerstört sein würde. Doch all das lag noch in weiter Ferne, und an jenem Tag waren wir glücklich.

Wie du weißt, ist dein Vater manchmal recht still, aber wenn er damals über die Zukunft sprach, wurde er immer ganz lebhaft. Er hatte gerade ein Gitterbettchen gekauft. Ich fürchtete, es könnte Unglück bringen, da ich immer noch nicht schwanger war, aber dein Baba ist nun mal so – ein echter Optimist. Er lebt und handelt, als wären die Zukunft und mit ihr seine Träume und Pläne bereits Wirklichkeit. Diese Eigenschaft liebe ich ganz besonders an ihm. In der Anfangszeit unserer Ehe haben wir uns stundenlang unser zukünftiges gemeinsames Leben ausgemalt, so auch auf diesem Spaziergang. Unser Blick fiel auf ein kleines Mädchen vor uns auf dem Weg. Sie muss etwa vier Jahre alt gewesen sein. Mit ihrem langen dichten Haar und den strahlenden grauen Augen hatte sie etwas Besonderes an sich. Wir konnten den Blick nicht von ihr abwenden, während sie lachend herumtollte, und mein Herz füllte sich mit einer Sehnsucht, die mich schier niederdrückte. Dein Vater wandte sich zu mir und sagte, dass er sich genau so ein Kind für uns vorstelle: eine Tochter, mit langen Haaren, voll unbändiger Energie und Lebensfreude. Ein kleines Mädchen, das Fremde bezaubern konnte. In diesem Moment überkam mich eine tiefe Ruhe. Irgendwie wusste ich, dass ich schwanger werden würde; ich wusste, dass du kommen würdest. Und dass du ein kleines Mädchen sein würdest, dem die Herzen zufliegen.

Wir konnten nur ganz wenige unserer wichtigsten Besitztümer aus Syrien herausretten – einige alte Familienfotos, die Einladung zu unserer Hochzeit, Haarlocken von dir und deinen Brüdern vom ersten Haarschnitt und auch den Schwangerschaftstest, mit dem ich herausfand, dass du unterwegs warst. Selbst jetzt noch erinnert mich die verblasste blaue Linie an das Gefühl, das mich an jenem Tag erfasste – ich glaubte vor Aufregung und Vorfreude zu platzen, als ich erfuhr, dass ich endlich Mutter werden würde. Deine Mutter. Als alles möglich schien und die Zukunft keine Grenzen kannte.

Neun Monate später legte man mir dich in die Arme. Du richtetest deine großen Augen auf meine, und ich spürte die Liebe zu dir wie eine Welle durch meinen Körper strömen. Als Erstes betete ich zu Allah, dass du gesund und ein guter Mensch sein mögest. Ich sprach mein Lieblingsgebet aus dem Koran: „Ich nehme meine Zuflucht zum Herrn des Morgengrauens, vor dem Übel dessen, was Er erschaffen, und vor dem Übel der Nacht, wann sie naht, und vor dem Übel der Knotenanbläserinnen und vor dem Übel des Neiders, wenn er neidet." Die ganze Schwangerschaft über hatte ich es dir laut vorgesagt, weil ich gelesen hatte, dass du im Bauch meine Stimme hören könntest, und ich wollte, dass du Gott bei deiner Geburt bereits kennst. Dann beugte ich mich über dich und flüsterte dir ins Ohr, was ich mir für dich erträumte, damit du diese ersten Worte von nun an in deinem Herzen tragen würdest.

Dein Name ist das arabische Wort für „Baum". Wir haben ihn ausgewählt, weil es ein starker Name ist und weil wir uns ein starkes Mädchen wünschten. Und das bist du, Bana – du bist stark, und du bist tapfer. Du warst schon immer klüger als andere in deinem Alter. Die Menschen nennen so jemanden eine „alte Seele". Du kamst mit einer Weisheit auf die Welt, die jeder in deinem Umfeld spürte und von der sich alle angezogen fühlten. Das erfüllt mich nach wie vor mit Stolz.

Bereits als Säugling hast du aufmerksam alles um

dich herum beobachtet, so als wüsstest du genau, was da vor sich geht. Du wolltest einfach nicht einschlafen, als hättest du Sorge, irgendetwas zu verpassen. Wenn wir uns mit deinen Tanten und Onkeln bei Großmutter Alabed versammelten, hatte man den Eindruck, du würdest der Unterhaltung folgen. Deine strahlenden Augen musterten die Gesichter, während du von Schoß zu Schoß weitergereicht und angehimmelt wurdest. Alle wollten mit dir spielen oder mit dir spazieren gehen. Vor allem dein Onkel Nesar. Wir haben ihn aufgezogen, weil er dich ständig in den Park oder auf den Markt mitnehmen wollte – du warst so niedlich, dass alle hübschen Mädchen stehen blieben und dich bewunderten und er so mit ihnen ins Gespräch kommen konnte.

Weißt du noch, mit welcher Begeisterung du lesen gelernt hast? Du warst erst drei, mein kluges Mädchen! Mit deinen runden Fingerchen bist du die Zeilen in deinen Lieblingsbüchern entlanggefahren, hast dir vor Konzentration auf die Lippe gebissen und sorgfältig jedes Wort vorgelesen.

Das macht mich glücklich – wie wissbegierig du bist und wie eifrig du immer gelernt hast –, denn da kommst du ganz nach mir. Ich bin so gern zur Schule gegangen. Eine meiner liebsten Kindheitserinnerungen ist meine Einschulung, bei der ich nur wenig jünger war, als du jetzt bist. Ich war so aufgeregt, wenn meine Mutter, deine Nana Samar, mich jeden Tag von der Schule abholte und ich ihr auf dem zwanzigminütigen Nachhauseweg erzählte, was ich gerade gelernt hatte – dass ich meinen Namen schreiben, zweistellige Zahlen addieren und die Uhr lesen konnte. Mir war, als könnte ich alles, was ich wissen wollte, gar nicht schnell genug lernen. Du bist genauso.

Als ich dir das Lesen beibrachte, stellte ich mir vor, wie ich dich in wenigen Jahren zur Schule begleiten würde. Wie sehr ich mich darauf freute! Auf diese Zeit, in der du an meiner Hand gehen und mir von all den aufregenden Dingen erzählen würdest, die du gerade lerntest. Jeden Abend würden wir gemeinsam am Küchentisch die Hausaufgaben ansehen, während ich das Essen vorbereitete. Es war für mich unvorstellbar, dass du nicht zur Schule würdest gehen können, weil alle Schulgebäude zerstört wären. Dass wir, statt am Küchentisch Hausaufgaben zu machen, unter ihn kriechen würden, weil um uns herum Bomben fielen. Oder dass sich noch vor deinem vierten Geburtstag deine Kindheit, eine sichere, glückliche, friedliche Kindheit, die sich jede Mutter für ihre Kinder wünscht, in einen Albtraum verwandelt haben würde.

Du hattest drei wunderbare Jahre in Syrien, Bana. Ich hoffe, du wirst dich immer an die Zeit vor dem Krieg erinnern – wie du mit Baba schwimmen gegangen bist, dir mit Yasmin lustige Lieder ausgedacht oder gebettelt hast, dass wir dich ins Riesenrad mitnehmen, während der süße Duft der Jasminblüten aus unserem kleinen Garten zum Balkon heraufzog.

Ich hoffe, dass die Heimat deiner ersten Jahre einen Abdruck in deinem Herzen hinterlassen hat und du begreifst, dass Syriens Seele und der Stolz der Menschen dich begleiten, wo immer du auch bist. Ich wünsche mir, dass du dich stets daran erinnern wirst, wie es sich anfühlt, von deinen Tanten, Onkeln und Großeltern umgeben zu sein, auch wenn unsere Familie jetzt in alle Winde verstreut ist. Ich möchte, dass dieses Zugehörigkeitsgefühl ein Teil von dir ist und dir immer eine gewisse Sicherheit vermittelt. Mögen die Erinnerungen an deine ersten glücklichen Lebensjahre in deiner Seele weiterleben, auf dass sie dir Kraft und Hoffnung und Mut verleihen.

Bewahre alles, was vor dem Krieg war, in deinem Herzen, Bana. Es war wunderschön.

Ich wurde mit einem Lächeln im Gesicht geboren

Meine Mama hat mir erzählt, dass ich mit einem Lächeln im Gesicht geboren wurde. Sie sagt, dass ich immer fröhlich war, aber nie schlafen wollte, weil ich Angst hatte, etwas zu verpassen.

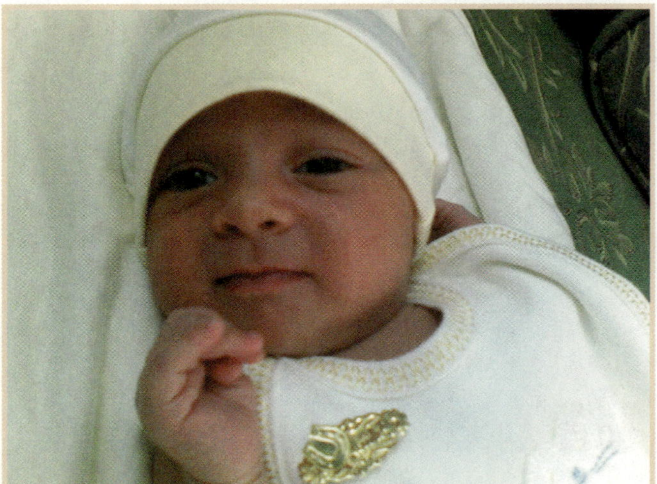

Als ich klein war, gab es viele Gründe, fröhlich zu sein. Mein Baba nahm mich immer ins Al-Rabia-Schwimmbad mit. Schwimmen war meine Lieblingsbeschäftigung. Die zweitliebste war, auf dem Spielplatz zu schaukeln. Außerdem begleitete ich meine Onkel gern auf den Markt, weil ich dann Wackelpudding bekam. (Immer den roten, denn der schmeckt am besten.) Manchmal ging meine Familie in Restaurants, wo ich mich mit vielen verschiedenen Leuten unterhalten konnte. Oder wir aßen bei Großmutter Alabed zu Abend. Dort war immer was los, weil ich eine Menge Tanten und Onkel und vier Großeltern und zwei Urgroßmütter habe. Ich hatte viele Bücher, die ich gern las, vor allem mein Lieblingsbuch, Schneewittchen. Ich liebe alle Geschichten über Prinzessinnen.

Und dann gab es noch einen besonderen Grund zum Fröhlichsein: mein Brüderchen. Ich hatte gebetet, dass Mama ein Mädchen bekommen sollte, weil ich mir sehnlichst eine Schwester wünschte. Aber mein Bruder war so winzig und süß mit seinem dicken schwarzen Schopf, weich wie das Haar einer Puppe – da fand ich es gar nicht mehr so schlimm, dass er ein Junge war. Während Mamas Schwangerschaft suchte ich einen Namen für eine Schwester aus: Warda. Das bedeutet „Blume“, denn Blumen mag ich so gern. Aber man kann einen Jungen nicht Warda nennen. Stattdessen gaben wir ihm den Namen Liath (was „Löwe“ bedeutet) Mohammed. Wir rufen ihn Mohammed.

Als Mohammed geboren wurde, war ich erst drei, aber ich kümmerte mich um ihn. Ich reichte Mama die Windeln zum Wechseln, teilte meine Spielsachen mit ihm und machte „Schsch, schsch“, wenn er weinte.

Abends saß ich neben Mama auf dem Sofa im Wohnzimmer und hielt Mohammed auf dem Schoß, während sie uns vorlas. Auch Baba kam herein, setzte sich in seinen Lieblingssessel und hörte Mama zu. Wenn die Geschichte zu Ende war, ging ich zu Baba und kletterte auf seinen Schoß, während Mama Mohammed zu Bett brachte. Mama sagte immer zu Baba, er solle mich auch ins Bett bringen, aber wir fanden es beide schöner, wenn ich an seiner Brust einschlief. Er erzählte mir Geschichten aus seiner Kindheit oder erfundene Sachen. Meine Lieblingsgeschichte handelte von einer Schafsmama, die ihre Kinder allein zu Hause lässt und ihnen einschärft, niemandem die Tür zu öffnen, der das Geheimwort nicht kennt. Dann kommt ein Wolf und bringt die Kleinen durch eine List dazu, ihn für ihre Mutter zu halten. Sie öffnen die Tür, und der Wolf frisst sie alle auf! Diesen Teil der Geschichte hasse ich. Aber die Mutter holt die Schäfchen aus dem Bauch des Wolfs und füllt ihn stattdessen mit Steinen.

Ich spürte Babas Stimme an seiner Brust, wenn er mir diese Geschichten erzählte, und mir wurde im Innern ganz warm. Babas Schoß war der schönste Platz der Welt.

In unserer Familie passierte wenig Schlimmes. Mama sagte immer, wir seien gesegnet. Ich dachte, unsere Familie würde immer glücklich sein.

Ich wollte für immer in Syrien leben

Ich wollte für immer in Syrien leben, weil es ein besonderer Ort ist. Es ist ein sehr, sehr altes Land, und meine Familie lebt schon seit Urzeiten hier. Laut Großvater Malek ist es wichtig zu begreifen, woher du kommst, denn es macht dich zu dem Menschen, der du bist. Er sagt, es sollte uns mit Stolz erfüllen, Syrer zu sein, denn Syrer sind freundlich und ehrlich. Man könnte eine Million Pfund offen im Haus herumliegen lassen, und niemand würde sie stehlen. Wir teilen alles, was wir haben, mit unseren Nachbarn und kümmern uns um unsere Familie, denn die Familie ist das Wichtigste für uns. Wir wissen, dass wir immer großzügig und loyal sein und Allah gehorchen sollen. Wir beten viel, damit Gott uns hilft, gute Menschen zu sein. Wir möchten ein einfaches Leben führen. Diese Dinge sind uns wichtig.

Als Großvater ein Junge war, lebte er auf dem Land. Später heiratete er Nana Samar, die in Aleppo aufgewachsen war, also zogen sie dorthin, obwohl Großvater immer sagte, auf dem Land fühle er sich wohler, weil es dort ruhiger und die Luft besser sei. Mama und ihre

Brüder und Schwestern kamen in Aleppo zur Welt, so wie auch Baba und seine Brüder und seine Schwester. Und ich ebenfalls. Wenn ich später mal erwachsen sein würde, so stellte ich es mir vor, wollte ich in derselben Straße wie meine Freundinnen Yasmin und Fatimah und wie Mama und Baba wohnen, genauso wie sie nicht weit entfernt von ihren Eltern lebten. Dann könnte ich immer zusammen mit meiner Familie zu Abend essen und einen Spaziergang um die Zitadelle von Aleppo machen, und wir würden uns gegenseitig zum Lachen bringen. In meiner Familie lachten alle gern, also wäre das ein Leichtes. Ich würde Lehrerin werden und syrischen Kindern Englisch beibringen.

Davon träumte ich.

Wir mussten immerzu daran denken, dass Baba fort war

Dann aber begann die schlimme Zeit. Zuerst nahmen sie Baba mit. Mama, Mohammed und ich waren bei Großmutter Alabed. Baba und seine Brüder hielten sich wie üblich ein Stück die Straße hinunter vor dem Eingang des Marktes auf. Sie trafen sich fast jeden Abend dort, saßen auf Klappstühlen, tranken Apfeltee, tauschten lustige Erinnerungen aus und stritten lautstark darüber, wer besser Playstation spielte oder wer klüger oder erfolgreicher war, aber ohne dass sie wirklich sauer aufeinander waren. Baba und seine Brüder waren in diesem Viertel aufgewachsen, sodass sich nach und nach all ihre Freunde dazugesellten. Mama meinte, sie täten gern so, als wären sie immer noch Jugendliche. Manchmal saß ich bei ihnen, und sie sagten scherzhaft, ich hielte mich wohl schon für erwachsen, obwohl ich noch so klein sei.

An diesem Tag kam Onkel Nesar zu Großmutter Alabeds Haus gerannt, wo Mama, Großmutter und ich gerade das Abendessen kochten, und erzählte uns, dass sie Baba mitgenommen hätten. „Sie" ist der Mukhabarat, der Geheimdienst, der für den syrischen Präsidenten Baschar al-Assad arbeitet.

Ich fragte Mama, warum Baba nicht heimkäme und wohin er gegangen sei und wann er denn wiederkommen werde.

„Er wird bald wieder zu Hause sein, Bon Bon", sagte sie und umarmte mich. „Ein paar Leute wollen ihm bloß ein paar Fragen stellen. Alles wird gut."

Aber ich wusste nicht, ob das stimmte, denn alle wirkten sehr besorgt. Keiner wollte von dem Abendessen kosten, das wir zubereitet hatten. Alle Onkel versammelten sich im Wohnzimmer und sprachen darüber, dass die Geheimpolizei Baba mitgenommen hatte, weil das Regime jeden für einen Spion hielt – vor allem Männer. Die Geheimpolizei muss die Leute befragen, um herauszufinden, wer loyal ist. Mein Baba war kein Spion, er war Rechtsanwalt. Es war seine Arbeit, Menschen zu helfen und dafür zu sorgen, dass es gerecht zuging.

Wir übernachteten bei Großmutter, weil es zu traurig gewesen wäre, ohne Baba nach Hause zu gehen. Es war besser, mit den anderen bei Großmutter zu bleiben und die Sorge zu teilen. Auch am Tag darauf kam Baba nicht zurück. Und wir wussten nicht, wo er war. Wir versuchten es mit Singen. Wir versuchten es mit Malen. Wir versuchten es mit Lesen. Aber wir mussten immerzu daran denken, dass Baba fort war. Mohammed weinte nach ihm, weil Baba noch nie zuvor weg gewesen war. Ich tröstete ihn, wie Mama mich getröstet hatte: „Er wird bald wieder zu Hause sein." In jener Nacht betete Mama mit mir. Wir baten Gott, dass er Baba bald zurückbringen möge.

Und es klappte! Am nächsten Tag kam Baba nach Hause. Er sah müde aus und roch schlecht, aber wir umarmten ihn stürmisch. Er sagte: „Mir geht es gut. Alles wird gut.“

Aber gar nichts war gut, denn bald darauf kamen die Bomben.

„Alles in Ordnung? Alles in Ordnung? Alles in Ordnung?“

Ich wusste zunächst nicht, was überhaupt geschah, als die erste große Bombe fiel. Es war ein ganz normaler Tag. Mohammed und ich waren zusammen bei Nana Samar und Großvater Malek. Sie passten tagsüber auf uns auf, während Mama studierte und Baba arbeitete. Mama ging gern zur Universität. Sie studierte dasselbe wie Baba, nämlich Jura. Ich tat gern so, als ginge ich auch auf die Universität, und malte dann eine Hausaufgabe in mein Heft.

An jenem Tag saß ich auf dem Boden und spielte mit meinen Puppen. Ich hatte zwei Lieblingspuppen: Eine war so groß wie ich und trug eine Schuluniform, die andere war ein Baby in einem rosa Kleid. Mohammed krabbelte um mich herum und fand es lustig, wenn ich meine Puppen mit komischen Stimmen sprechen ließ. Das tat ich gerade, als plötzlich ein lautes ***WUMM!*** ertönte. Noch nie hatte ich etwas so Lautes gehört; es war ein Geräusch, das man auch körperlich spüren konnte. Durch den Lärm und den Schreck fühlte sich mein Körper an wie Wackelpudding.

Wir wussten nicht, was wir tun sollten, weil wir keine Ahnung hatten, was da los war. Mohammed fing an zu weinen, und Nana Samar kam aus der Küche gerannt.

„Schnell, schnell! Kommt weg vom Fenster!"

Wir sausten alle in die Küche, wo es keine Fenster gab. Ich fragte Nana, woher dieses laute Geräusch käme und warum wir so rennen müssten. Sie sagte, irgendwo wäre eine Bombe auf Aleppo abgeworfen worden.

„Was ist eine Bombe?", wollte ich wissen.

Nana erklärte mir, das sei etwas, womit man Dinge in die Luft sprengen würde.

Mir kam ein erschreckender Gedanke: Was, wenn die Bombe Mama und Baba in die Luft sprengte? Ich versuchte, nicht weiter daran zu denken, aber das klappte nicht. Ich hatte das Gefühl, alles in meinem Innern würde zittern, und ich hätte am liebsten geweint, aber ich tat es nicht. Mama hatte mir schon vor dem Krieg immer gesagt, wie stark und mutig ich doch sei. Sie meinte, Gott habe mich so gemacht. Ich habe Glück, dass Er das getan hat, denn es sollten noch viele Momente kommen, in denen ich stark sein musste, auch wenn ich das damals noch nicht wusste.

Nach einer Weile hörten wir, wie sich die Haustür öffnete, und Mama eilte in die Küche und nahm uns in die Arme.

„Alles in Ordnung? Alles in Ordnung? Alles in Ordnung?", fragte sie immer und immer wieder, während sie uns stürmisch umarmte und küsste. Mir war nichts passiert, aber als ich Mama sah, fing ich an zu weinen, weil ich Angst hatte und gleichzeitig so froh war, dass sie da war. Mama rief Baba in der Arbeit an. Es ging ihm gut, und er würde bald kommen. Ich konnte Mamas Herzschlag spüren, als sie mich in die Arme schloss.

„Ich habe mir solche Sorgen um euch gemacht", sagte sie. Mama war genauso tapfer wie ich, obwohl auch sie Angst hatte. Man kann beides sein, tapfer und voller Angst. Das weiß ich, weil es mir seit diesem Tag oft so gegangen ist.

Nana Samar umarmte Mama auch – immer sagt sie, Mama sei ihr „kleines Mädchen", obwohl Mama schon erwachsen ist. Sie meinte, wir sollten lieber „Vorbereitungen treffen", und Mama solle aufs Dach gehen und mein Kinderplanschbecken holen, um darin einen Wasservorrat anzulegen, für den Fall, dass es kein Wasser mehr gäbe.

Gerade als Mama sich auf den Weg aufs Dach gemacht hatte, explodierte eine zweite Bombe – eine noch größere, die viel lauter war. Dieses Mal schrie ich. Ich wollte es gar nicht – der Schrei kam einfach so aus mir raus. Mama rannte die Treppe wieder herunter und umarmte mich. Nana Samar packte Großvater Maleks Hand und sagte: „O Gott. Was sollen wir nur tun?" Aber niemand gab Antwort.

Von da an fielen jeden Tag Bomben, es hörte gar nicht mehr auf. Riesige Flugzeuge flogen über uns hinweg und warfen an allen möglichen Stellen Bomben ab, wie es ihnen gerade einfiel. Manchmal flog ein Flugzeug so tief, dass wir den Piloten sehen konnten. Wusste er, dass er Menschen verletzte oder sogar tötete? Sicher wusste er es – aber wie konnte er es dann tun?

Ich fragte Mama danach, doch sie hatte keine Erklärung. Ich stellte ihr auch andere Fragen, zum Bei-

spiel, warum uns Menschen mit Gewehren und Bomben wehtun wollten. Ich verstand nicht, warum überhaupt gekämpft wurde. Jedes Mal, wenn ich Mama diese Fragen stellte, umarmte sie mich nur und sagte, ich solle mir keine Sorgen machen. Sie meinte, wir müssten beten, dass die Kämpfe bald aufhörten und wir unverletzt blieben.

Also betete ich jeden Abend vor dem Schlafengehen: „Bitte mach, dass der Krieg aufhört." Ich wollte, dass es wieder so war wie früher. Eines Abends hörte Mama mein Gebet und meinte: „Es wird nicht für immer so bleiben, Bana." Ich merkte, dass auch sie traurig war.

Sie versicherte mir: „Bald ist all das vorbei."

Aber das stimmte nicht.

Wir alle wussten, was wir zu tun hatten, wenn wir die Bomben hörten

Wenn man noch nie einen Krieg erlebt hat, denkt man vielleicht, dass es nur eine Art von Bomben gibt. Aber in Wirklichkeit sind es viele verschiedene. Das habe ich bald gelernt, weil ich eine schnelle Auffassungsgabe habe. Man kann sie zum Beispiel am Geräusch voneinander unterscheiden.

Eine gibt ein langes, hohes Pfeifen von sich und endet in einem lauten Knall.

Eine andere klingt wie ein aufheulender Automotor, wrumm, wrumm, und danach kommt ein Wumm.

Eine macht auf ihrem Weg zum Erdboden die ganze Zeit bapp, bapp, bapp. Das ist eine Streubombe. Sie ist wie eine große Bombe, die aus lauter kleinen Bomben besteht, und wenn sie aufschlägt, fliegen viele scharfkantige Stücke durch die Gegend.

Eine ist leise – sie macht fast kein Geräusch, und nach dem Knall wird der Himmel leuchtend gelb. Was den Himmel so erleuchtet, nennt man Phosphor. Einmal wachte ich auf und ging zu Mama, um sie aufzuwecken, weil ich dachte, es wäre schon Morgen. Aber Mama sagte, es wäre noch mitten in der Nacht. Ich erzählte ihr, ich hätte durchs Fenster schon die Sonne gesehen, es sei hell draußen. Aber es war nur der Phosphor.

Am schlimmsten ist die Chlorbombe. Man gibt Chlor in ein Schwimmbecken, damit das Wasser sauber bleibt, und beim Schwimmen hat es mir nie etwas ausgemacht. Aber in der Luft brennt es einem so heftig in den Augen, dass man ständig weinen muss, auch wenn man gar nicht traurig ist.

Wir alle wussten, was wir zu tun hatten, wenn wir die Bomben hörten: Waren sie weit entfernt, rannten wir in eine fensterlose Kammer in unserer Wohnung, wo Mama alte Kleider und Putzmittel aufbewahrte. Ging eine Bombe in der Nähe runter, liefen wir in den Keller oder zumindest zu Onkel Wesam ins Erdgeschoss.

Selbst wenn wir gerade beim Abendessen waren, sprangen wir auf, sobald wir das Dröhnen der Flugzeuge hörten, ließen das Essen stehen und liefen zwei Treppen hinab bis in den Keller des Gebäudes. Unser Haus hatte vier Stockwerke: Wir wohnten im ersten Stock und meine Onkel Wesam, Masen und Nesar mit ihren Familien in den anderen Etagen. Ich fand es schön, dass wir alle miteinander in einem Haus lebten, vor allem wegen meiner Cousine Lana, die unter uns wohnte und für mich mehr wie eine jüngere Schwester war, die ich mir immer gewünscht hatte.

Da wir alle im selben Gebäude wohnten, konnten wir auch gemeinsam hinunter in den Keller rennen. Dort gab es zwei Räume. Zwischen ihren Betonwänden war

es dunkel und kalt. Altes Werkzeug und Kartons lagen herum. Es gab keinen Strom; manchmal hatten wir eine Taschenlampe, aber meistens mussten wir einfach im Dunkeln sitzen. Ich hasste den Keller. Doch dort unten war es sicherer als in unserer Wohnung.

Manchmal mussten wir stundenlang warten, bis der Bombenangriff aufhörte. Dann war unser Essen kalt geworden, und keiner hatte mehr Lust darauf. Wir räumten auf und gingen zu Bett. Und ich betete wieder.

Wir mussten den Krieg vergessen und so tun, als wäre alles normal

Eid al-Fitr ist mein Lieblingsfest. Damit feiern Muslime das Ende des Ramadan. Im Ramadan fasten Erwachsene einen ganzen Monat lang tagsüber. Wenn dieser Monat vorbei ist, begeht man das mit Eid al-Fitr, dem Fastenbrechen. Es ist ein tolles Fest – oder das war es zumindest vor dem Krieg. Für Eid wird das Haus geputzt, bis alles glänzt und gut riecht. Und man bekommt neue Kleider und Schuhe – die Geschäfte bleiben sogar die ganze Nacht über offen, damit man einkaufen kann. Dann gibt es so viel Essen, dass man isst und isst, bis man Bauchweh hat. Und man spricht spezielle Gebete.

Wir feierten in der neuen Wohnung von Großmutter und Großvater Alabed. Sie gefiel mir nicht so gut wie die, in der sie früher gewohnt hatten. Ihre alte Wohnung war riesig, sodass wir herumrennen konnten, und es gab ein Laufband, das wir gerne ausprobierten, und einen großen Balkon. Ich hatte dort viele Puppen, und auch sie mochten die alte Wohnung lieber. Das Beste an ihr war, dass sie sich in unserer Nähe in Ost-Aleppo befand und ich meine Großeltern fast jeden Tag besuchen konnte.

Aber als die Armee des Regimes begann, Ost-Aleppo zu bombardieren, bekam Großmutter Angst vor den Bomben und dem Lärm und beschloss, in eine Wohnung in West-Aleppo zu ziehen. Diese Gegend war sicherer, weil dort viele Leute lebten, die für die Regierung arbeiteten oder sie unterstützten. Früher einmal war Aleppo eine einzige Stadt gewesen, nun aber war sie in Ost und West geteilt. Im Übergangsbereich war es besonders gefährlich, da in diesem Gebiet die Freie Syrische Armee gegen das Regime kämpfte. Es gab viele Soldaten und Waffen, und fast jeden Tag starben Menschen.

Nach unserem Fest waren alle fröhlich, obwohl Krieg war. Mama sagte immer wieder, wir müssten den Krieg vergessen und so tun, als wäre alles normal, und manchmal funktionierte das auch. Lana und ich spielten Verkleiden mit den neuen Sachen, die wir für Eid bekommen hatten. Ich tat so, als wäre ich meine Lieblingsprinzessin – Rapunzel. Mein Haar soll so lang wachsen wie ihres, deshalb werde ich es nie abschneiden. Da hörte ich, dass Mama einen Anruf von Nana Samar bekam. Mamas jüngere Schwester, meine Tante Eman, war angeschossen worden. Sie hatte Prüfungen an der Universität geschrieben und war im Auto unterwegs zum Eid al-Fitr bei Nana Samar in Ost-Aleppo gewesen. Sie wurde von einem Hubschrauber der Regierung aus beschossen, der auf alle Autos feuerte, die versuchten, von West- nach Ost-Aleppo zu gelangen. Einige Geschosse trafen Tante Eman am Bein, und sie musste ins Krankenhaus. Ich hatte Angst um sie. Bestimmt blutete ihr Bein stark. Für mein Leben gern hätte ich meine Tante besucht und sie umarmt, aber sie war zu weit weg, und es wäre zu gefährlich gewesen, in den Ostteil der Stadt zurückzukehren. Wir riskierten das Hin-und her-Fahren zwischen Ost und West nur ab und zu, um Großmutter Alabed zu besuchen, und dann auch nur tagsüber, nachdem wir in Erfahrung gebracht hatten, ob an diesem Tag viele Kämpfe stattfanden oder nicht. Trotzdem war es immer beängstigend. Man wusste nie, was passieren würde.

Tante Eman wurde in ein Krankenhaus auf dem Land gebracht, weil es dort sicherer war und weil viele Krankenhäuser in Ost-Aleppo bombardiert worden waren und ihre Arbeit eingestellt hatten. Sie musste zwei Wochen im Krankenhaus bleiben. Ich war so froh, als sie endlich heim zu Nana kam und ich sie umarmen konnte, aber ich wollte die dunkelroten Narben an ihrem Bein, die mich an dicke Würmer erinnerten, nicht ansehen. Großvater Malek meinte, Tante Eman wäre „so gut wie neu“.

„Und wenn sie tot sind?“

Dann passierte noch mehr Schlimmes. Eines Tages verschwanden Onkel Masen und Onkel Yaman spurlos. Sie hatten morgens das Haus verlassen, um für das Frühstück einzukaufen, und kehrten nicht mehr zurück. Wir hatten Angst, dass der Mukhabarat sie mitgenommen hatte, wie damals Baba. Aber dann bekam Baba einen Anruf, und der Mann am Telefon sagte, meine Onkel seien in seiner Gewalt, und wir müssten Geld bezahlen, wenn wir sie wiedersehen wollten.

Alle Onkel versammelten sich bei uns und diskutierten aufgeregt darüber, was wir tun sollten. Der Mann verlangte mehr Geld, als wir hatten. Baba rief den Mann zurück und fragte ihn, ob er eine geringere Summe akzeptieren würde. Baba war der Verantwortliche, weil er der Älteste ist, genau wie auch ich die Älteste bin. Daher musste er mit den Entführern verhandeln. Anschließend fuhr Großvater Malek mit Onkel Wesam weg, um das Geld abzuliefern. Sie sollten es in einem bestimmten Mülleimer an der Castello-Straße ablegen.

„Sei vorsichtig“, wurde Onkel Wesam ermahnt. Vor allem Großmutter Alabed machte sich große Sorgen und wollte ihn beim Abschied gar nicht mehr loslassen. Wir hatten Angst, dass uns die Entführer austricksen würden. Dass sie das Geld nehmen und uns trotzdem Onkel Masen und Onkel Yaman nicht zurückgeben würden.

Großmutter Alabed weinte und weinte. Sie sagte: „Und wenn sie tot sind?“ Ich versprach ihr, dass sie nicht tot wären. Ich legte den Kopf in ihren Schoß und versicherte ihr: „Alles wird gut.“ Das sagte Mama immer zu mir.

Und ich hatte recht! Sie waren am Leben. Wir mussten den ganzen Tag warten, aber kurz bevor es dunkel wurde, kamen sie nach Hause! Sie sahen müde und traurig aus, wie Baba damals, nachdem ihn die Männer mitgenommen hatten. Aber wenigstens hatte ihnen niemand wehgetan. Die Entführer hatten ihnen die ganze Zeit die Augen verbunden, sodass wir nie herausfanden, wer sie waren.

Nach diesem Zwischenfall meinte Großvater Malek, dass die Lage allmählich zu gefährlich werde. Im Krieg musst du dich für eine Seite entscheiden, vor allem als Junge. Du musst für das Regime kämpfen, sonst hält man dich für einen Rebellen, und der Mukhabarat nimmt dich mit. Also entschied Großvater Malek, dass es für Mamas jüngere Brüder Maher und Ahmad Zeit war zu gehen. Bei dem Gedanken daran fühlte ich mich ganz schrecklich. Ich liebte meine Onkel, weil sie mir Süßigkeiten schenkten und sagten, dass ich eher wie ihre kleine Schwester sei, nicht wie ihre Nichte. Nun würden sie weit weggehen, nach Ägypten, und dort die Schule besuchen.

Wir versammelten uns alle bei Nana Samar, um uns zu verabschieden. Ich konnte nicht fassen, dass sie uns verlassen mussten. Sie würden mir so fehlen!

„Ich will nicht, dass ihr geht. Ich will, dass ihr bei uns bleibt", sagte ich zu ihnen.

„Wir würden auch lieber hierbleiben", antworteten sie.

Als sie ins Auto stiegen, folgte ich ihnen nach draußen und rannte dem Wagen hinterher, die ganze Straße entlang. Mama rief mir nach, ich solle zurückkommen, und meine Beine brannten, weil ich so schnell lief, um mit dem Auto Schritt zu halten. Ich war total außer Atem! Aber ich blieb nicht stehen. Onkel Maher winkte die ganze Zeit aus dem Fenster. Kurz bevor das Auto aus meinem Blick verschwand, konnte ich sie rufen hören: „Wir werden uns bald wiedersehen, Bon Bon!"

Aber ich habe sie nie wiedergesehen.

„Hört auf zu schießen!"

Nach einer Weile hatte ich mich beinahe an die Bomben gewöhnt. Aber neben den Bomben passierten noch andere beängstigende Dinge. Zum Beispiel, als Mama und ich zu Eid al-Adha, dem Opferfest, bei Großmutter und Großvater Alabed waren. Es findet einige Wochen nach Eid al-Fitr statt, um das Ende des Haddsch zu feiern, der Pilgerfahrt nach Mekka. Mekka ist ein heiliger Ort, der heiligste. Dort kann man sich Gott ganz nahe fühlen. Alle Muslime sollen möglichst einmal im Leben den Haddsch unternehmen. Mama hat ihren mit sechzehn gemacht.

Wir hatten vor, eine ganze Woche bei Großmutter in West-Aleppo zu verbringen. Baba konnte in der ersten Nacht nicht bei uns sein, weil er Onkel Wesam in seinem Kleiderladen half. Dort war wegen Eid mehr los als sonst, alle wollten für die Feiertage neue Kleidung kaufen. Ich hatte für das Opferfest ein Paar brandneue pinkfarbene Barbie-Kinderstiefel mit Glitzersteinen bekommen, die ich vor lauter Begeisterung den ganzen Tag trug. Ich bettelte, ob ich sie auch zum Schlafen anbehalten dürfte, aber Mama sagte, ich müsste sie vor dem Zubettgehen ausziehen. Also stellte ich sie direkt neben mich, damit ich gleich nach dem Aufwachen am nächsten Morgen hineinschlüpfen konnte.

Ich hatte schon geschlafen, als ich von einem lauten ***Bapp-bapp-bapp-bapp*** geweckt wurde. Dieses Geräusch kannte ich: Gewehre. Lana und Mohammed wachten auch auf, und ich erklärte ihnen, dass dort draußen Soldaten kämpften. Inzwischen waren alle Erwachsenen auf den Beinen, rannten schreiend durch die Wohnung und versuchten herauszufinden, was los war. Warum die Soldaten das Haus, in dem Großmutter lebte, umstellt hatten und darauf schossen.

Es war zu gefährlich, in die Nähe der Fenster zu gehen, weil so viel geschossen wurde. Wir hörten auch überall um das Gebäude herum Granaten explodieren – das sind Bomben, die man mit der Hand wirft anstatt aus einem Flugzeug. Wir öffneten die Wohnungstür und hörten im Treppenhaus die Nachbarn schreien und weinen, alles über den Lärm der feuernden Gewehre und brüllenden Soldaten hinweg. „Was ist das? Was geht da vor? Warum beschießen sie das Gebäude?", riefen alle voller Angst.

Wir flohen so schnell wie möglich in den Keller. So, wie wir waren, in unseren Schlafanzügen, und im Keller war es kalt. Wir mussten uns so beeilen, dass ich keine Zeit mehr hatte, meine neuen Barbie-Stiefel anzuziehen. Hätte ich doch nur in ihnen geschlafen, wie ich es gewollt hatte!

Alle Nachbarn kuschelten sich mit ihren Familien zusammen, um sich warm zu halten. Stunde um Stunde verging, und wir hörten nur das Gewehrfeuer und das Gebrüll von Männern. Allmählich wurden wir müde und bekamen Hunger. Aber wir hatten weder Essen noch Trinken.

Einer der kleinen Jungen jammerte die ganze Zeit, dass er Hunger habe. Wahrscheinlich war er nicht an den Keller gewöhnt, weil er hier in West-Aleppo nicht dauernd nach unten flüchten musste. Mohammed und ich wussten, dass wir im Keller brav, geduldig und leise zu sein hatten.

Der Vater des kleinen Jungen beriet sich mit meinen Onkeln und einigen anderen Leuten und beschloss, mit den Soldaten zu reden. Er wollte zum Treppenabsatz hinaufsteigen und sie von dort aus bitten, uns gehen zu lassen, weil wir Essen und Wasser für die Kinder brauchten.

Wir hörten ihn rufen: „Hört auf zu schießen! Wir sind Zivilisten. Das ist unser Zuhause. Lasst uns gehen!"

Es war kaum zu glauben, dass ihn die Soldaten über den Lärm der Gewehre verstanden, aber einer rief zurück: „In Ordnung, kommt heraus, JETZT SOFORT. Ihr habt fünf Minuten."

Mama packte mich und Mohammed, und wir eilten die Treppe hoch und nach draußen. Wir hielten uns dicht am Gebäude, als würden wir uns verstecken. Und wir liefen so schnell wir konnten, wie bei einem Wettrennen. Es war schon fast dunkel, und draußen war es noch kälter als im Keller. Ich zitterte vor Kälte in meinem dünnen Schlafanzug und mit meinen bloßen Füßen.

Wir flüchteten uns ins Nachbarhaus, und die Leute, die dort wohnten, nahmen uns auf. Sie gaben uns Decken und etwas zu trinken. Wasser schmeckt einfach köstlich, wenn man lange nichts getrunken hat. Es tut so gut, wenn es einem durch die trockene Kehle rinnt. Ich konnte spüren, wie es in meinem Magen ankam, der war nämlich ganz leer, weil ich einen ganzen Tag lang nichts gegessen hatte.

Einer meiner Onkel beschloss, sich bei anderen Leuten im Haus zu erkundigen, was los war. Als er zurückkam, erzählte er uns, dass ein wichtiger Mann, der für das Regime arbeitete, in Großmutters Haus lebte. Die Rebellen hatten das Haus umstellt, um ihn zu fangen.

Nach einigen Stunden war es ganz dunkel, und nichts regte sich mehr. Inzwischen hatte es heftig zu regnen angefangen. Die Soldaten zogen ab, sodass wir endlich nach Hause gehen konnten. Wir riefen Großvater Malek an, damit er uns abholte. Wir hatten nur ein Auto, aber da jeder Übergang von West-Aleppo nach Ost-Aleppo ein Risiko war, wagten wir nicht, mehrmals zu fahren. Also mussten elf Familienmitglieder ins Auto gepackt werden – vier Männer, vier Frauen und drei Kinder. Ich weiß nicht mehr, wie wir das geschafft haben. Wir waren alle klatschnass und froren entsetzlich. Mohammed tat mir leid; er stank und schrie fürchterlich, weil seine Windel voll war. Schließlich war er einen ganzen Tag lang nicht gewickelt worden. Das fröhliche Essen zum Opferfest schien so lange her zu sein, dass wir uns kaum mehr daran erinnern konnten.

Baba war bestürzt, als wir endlich nach Hause kamen und ihm erzählten, was passiert war. Er versprach, Großmutter und Großvater bei der Suche nach einer neuen Wohnung zu helfen. Großmutter meinte, vielleicht sei es für sie und Großvater an der Zeit, Syrien zu verlassen. Und dann fing sie furchtbar zu weinen an.

Nirgends war es mehr sicher

Einige Tage später fuhr uns Großvater Malek zurück zu Großmutter Alabeds Haus, damit wir alles holen konnten, was wir bei unserer Flucht hatten zurücklassen müssen. Ich kam wegen meiner Barbie-Stiefel mit. Als wir vor dem Wohnhaus parkten, ermahnte uns Großvater Malek: „Wir müssen so schnell wie möglich rein und wieder raus."

Im Gebäude trafen wir auf Soldaten des Regimes. Sie machten sich in Großmutters und Großvaters Wohnung breit, als gehörte sie ihnen. Ihre Gewehre waren größer als Mohammed. Wütend schrien sie uns an. Ein Mann mit hässlichen gelben Zähnen, der beim Sprechen spuckte, sagte, einer von uns müsse den Rebellen verraten haben, dass sein Freund in dem Haus lebte.

Aber niemand von uns hatte das getan, denn wir wussten ja nicht einmal, dass er hier wohnte.

Der Mann glaubte uns nicht. Er behauptete, alle Männer unserer Familie würden für die Rebellen arbeiten. Er befahl Mama, bei Baba und ihren Brüdern anzurufen und ihnen zu sagen, sie sollten sofort kommen, sonst würden die Soldaten losziehen und sie holen. Er fragte nach unserer Adresse.

Ich hatte Angst, weil er uns nicht glaubte. Baba war mit Mohammed zu Hause, und wenn sie Baba mitnahmen, wer würde sich dann um Mohammed kümmern? Oder würden sie Mohammed auch mitnehmen? Ich wusste es nicht.

Der Mann herrschte die Erwachsenen an: „Gebt mir eure Handys!"

Mama sagte, sie hätte ihr Handy nicht dabei. Dann meinte sie plötzlich: „Bana muss auf die Toilette", obwohl das gar nicht stimmte.

Im Bad machte Mama: „Psst!", und zog ihr Handy heraus. Sie hatte es unter ihrer Kleidung versteckt. Das war sehr klug von ihr. Man soll zwar nicht lügen, aber in diesem Fall war es in Ordnung.

Sie rief Baba an und flüsterte: „Ghassan, hier sind Soldaten des Regimes. Sie wollen alle Männer mitnehmen. Wenn uns etwas zustoßen sollte, war es das Regime. Ich liebe dich." Dann legte sie auf. Wir betätigten die Spülung, obwohl ich die Toilette gar nicht benutzt hatte. Am liebsten wäre ich im Badezimmer geblieben. Was, wenn die Soldaten vorhatten, uns zu erschießen?

Als Mama meine Hand drückte, fühlte ich mich ein bisschen besser.

Wir kehrten ins Wohnzimmer zurück, und die Soldaten hielten uns noch vier Stunden lang fest, bevor sie uns endlich gehen ließen, mit der Warnung, niemals zurückzukommen. So schnell wir konnten, rafften wir Großmutters Sachen zusammen, aber die Soldaten hatten das meiste schon mitgenommen – ihren Computer und ihren Fernseher, Bettwäsche, Handtücher und Kleider. Zum Glück waren meine neuen Barbie-Stiefel noch da, doch ich schämte mich, dass ich mich darüber freute, während Großmutter Alabed so traurig war. Bei ihr liefen schon wieder die Tränen. Man hatte das Gefühl, Großmutter Alabed würde immerzu weinen, und ich wusste nicht, wie ich sie trösten konnte. Großmutter und Großvater hatten keinen Ort mehr, an dem sie bleiben konnten. In Ost-Aleppo war es zu gefährlich, und nach West-Aleppo durften wir nicht mehr zurück.

Nirgends war es mehr sicher.

Ich hasste den Krieg

Bevor die großen Bomben fielen, besuchte ich oft Nana Samar und Großvater Malek, und außerdem ging ich mehrere Tage in der Woche zur Schule. Ich lernte Buchstaben und Farben und las viele neue Bücher. Ich konnte es immer kaum erwarten, dorthin zu gehen.

Eines Morgens stand ich wie üblich auf und suchte Mama, weil ich mich anziehen wollte. Doch gerade in diesem Augenblick explodierte eine Bombe, und zwar ganz in der Nähe. Ich fiel zu Boden und hielt mir die Ohren zu. Es gab einen Riesenknall, und dann knackte etwas laut, wie wenn jemand in die Hände klatscht, nur viel, viel lauter. Die Fensterscheiben zersplitterten. Tausende Glasscherben regneten direkt auf das Bett, in dem ich gerade noch gelegen hatte.

Mama schrie meinen Namen und packte mich. Ihr Gesicht war so weiß wie eine Wolke. Ich sagte ihr, mir wäre nichts passiert. Baba umarmte uns beide ganz fest, und dann zog er los, um meine Onkel zu holen und mit ihnen die Fenster zu reparieren. Ich wünschte, er hätte auch gleich den Krieg reparieren können.

Bei der Bombenexplosion weinte ich nicht, dafür aber später, als Baba und Mama entschieden, dass ich nicht

mehr in die Schule gehen sollte. Dort war es nicht sicher, denn die Schule konnte von einer Bombe getroffen werden. Das Regime mochte keine Schulen und bombardierte sie oft.

Ich durfte auch nicht mehr schwimmen gehen oder in den Park. Dabei wurde ich allmählich eine richtig gute Schwimmerin. Ich durfte auch nicht mehr mit meiner besten Freundin Yasmin draußen spielen, weil eine fette Bombe auf uns fallen könnte. Und Mama ging nicht länger zur Universität, weil es zu gefährlich war. Ich hatte immer einen Kloß im Hals, wenn ich daran dachte, dass wir all die Dinge, die wir gern taten, nicht mehr tun konnten. Ich hasste den Krieg.

Es war meine Aufgabe, euch zu beschützen, Bana. Für jede Mutter hat es oberste Priorität, ihre Kinder zu beschützen. An jenem Tag im Sommer 2012, an dem die ersten schweren Bomben auf Aleppo fielen, wurde mir auf grausame Weise bewusst, wie schwierig das werden würde. Damals musste ich mir zum ersten Mal eingestehen, dass ich hilflos war – ein Gefühl, das mich von nun an häufiger überkommen sollte.

Es war ein schöner Tag gewesen – wir schrieben Semesterabschlussprüfungen, und ich war zufrieden mit mir; dass ich die Woche zuvor bis spät in die Nacht gelernt hatte, nachdem du und Mohammed im Bett wart, hatte sich ausgezahlt. Ich ging gern zur Universität und glänzte in meinen Kursen, und da ich in zwei Jahren meinen Abschluss in Jura haben würde, machte ich mir bereits Gedanken, wo ich einmal arbeiten würde. Du weißt, wie gern ich unterrichte – ich überlegte, ob ich Dozentin an der juristischen Fakultät werden sollte, um so zwei meiner größten Leidenschaften zu verbinden.

Schon während der Prüfung hatten die anderen Studenten und ich in regelmäßigen Abständen das Grollen kleinerer Bomben gehört – aber nur in der Ferne, und wir taten unser Bestes, uns nicht von ihnen ablenken zu lassen. Es ist schon seltsam, dass die Bomben irgendwann zu Hintergrundgeräuschen wurden, die wir ausblenden konnten, wie Vogelgesang oder Regen. Doch an jenem Tag weitete sich der Krieg aus: Die Luftangriffe auf Aleppo begannen.

Als ich nach der Prüfung im Bus saß, um euch bei Nana abzuholen, explodierte plötzlich der Himmel. Es war schwer zu begreifen, was da gerade passierte – auf einmal schien eine andere, eine neue Realität an die Stelle der alten getreten zu sein, ich jedoch hing immer noch in den fünf Minuten davor fest, in denen meine Welt einen Sinn ergeben und ich überlegt hatte, was ich zum Abendessen kochen sollte. Irgendwie schien ich mit dieser neuen Entwicklung, dass Bomben vom Himmel fielen, nicht Schritt halten zu können. Es mag wie ein Klischee klingen, aber es fühlte sich an wie in einem schlechten Film, einem surrealen Albtraum. Es war … unfassbar.

Die anderen Leute im Bus wirkten angsterfüllt und bestürzt, und ich sicher auch. Manchmal gibt es im Leben Momente, die eine Trennlinie zwischen einem Vorher und einem Nachher markieren, und man begreift, dass von diesem Moment an alles vollkommen anders sein wird. Dies war so ein Moment. Die Frau auf der anderen Seite des Gangs begann leise und eindringlich zu beten.

Als der Bus über die Al-Shaar-Brücke fuhr, konnten wir einige Kilometer entfernt eine riesige schwarze Rauchwolke sehen. Mir war sofort klar, dass eine Bombe in der Nähe des Hauses eurer Großmutter eingeschlagen hatte, wo ihr euch aufhieltet, und Panik überflutete mich. Ich kannte den Ausdruck, dass einem etwas „den Atem raubt", aber ich hatte nicht gewusst, dass es buchstäblich passieren kann. Ich hatte das Gefühl, keine Luft mehr zu bekommen, es war, als funktionierte meine Lunge nicht mehr richtig. Später wurde mir dieses Gefühl nur allzu vertraut, doch an jenem Tag war es mir noch fremd. Bisher hatte ich nicht wirklich gewusst, was Angst bedeutet.

Die halbstündige Fahrt zu eurer Großmutter war die längste in meinem ganzen Leben. Auch nur eine Sekunde Ungewissheit, ob den eigenen Kindern etwas passiert ist, ist die reinste Qual. Damals trug ich noch nicht ständig ein Handy mit mir herum – das kannst du dir vermutlich nur schwer vorstellen –, daher hatte ich keine Möglichkeit, euren Vater oder eure Großeltern anzurufen und herauszufinden, ob es allen gut ging. Ich konnte nur dasitzen und abwarten und mir Sorgen machen.

Als ich dann endlich bei eurer Nana ankam und dich und Mohammed in den Armen hielt, als ich wusste, dass ihr wenigstens vorläufig in Sicherheit und am Leben wart – da erfasste mich ein Gefühl absoluter Glückseligkeit, größer und reiner noch als das, was ich bei eurer

Geburt empfunden hatte. Dieses Glücksgefühl erwuchs aus der Erleichterung darüber, dass meine schlimmsten Albträume nicht wahr geworden waren. Doch es währte nur kurz, denn eine weitere Bombe zerstörte diesen Augenblick. Und damit begann alles.

Wahrscheinlich hätten wir besser auf diesen Tag vorbereitet sein sollen, darauf, dass der Krieg nach Aleppo kommen würde. Schon Jahre vorher war der Boden dafür bereitet worden. Wir hatten den Aufruhr und die Kämpfe in anderen Ländern während des Arabischen Frühlings mitverfolgt. Anderswo wurden Regierungen gestürzt, politische Führer abgesetzt und getötet, aber es erschien uns so weit weg. Wir dachten, so etwas könne bei uns nicht passieren. Vermutlich glauben das alle, bis es zu spät ist.

Aber damals war das Leben in Syrien angenehm, es war im Großen und Ganzen friedlich. Wenn man wie unsere Familie zur Mittelschicht gehörte und bestens ausgebildet war, hatte man viele Möglichkeiten. Man konnte ein gutes Leben für sich und seine Familie aufbauen, so wie es meine Eltern für mich und ihre es für sie getan hatten, genau wie die Generationen vor ihnen. Ein langes, glückliches Leben in Syrien war dein Geburtsrecht, Bana, und dessen hat man dich beraubt.

Sogar als in unserem Land die Gewalt ausbrach – der Aufstand in Daraa 2011, als Teenager vom Regime verhaftet, brutal geschlagen und gefoltert wurden, weil sie

Anti-Assad-Graffiti an die Schulmauern gesprüht hatten –, waren wir geschockt und entsetzt, aber es fühlte sich immer noch weit weg an. Es war tragisch, schien jedoch nichts mit uns zu tun zu haben, es waren die Probleme anderer Leute. In Aleppo bekamen wir vom Widerstand gegen die Regierung nicht viel mit, und wir waren überzeugt, der ganze Aufruhr würde sich legen, die Aufstände würden im Sande verlaufen oder zumindest unter Kontrolle bleiben.

Ja, ich war außer mir, als das Regime deinen Vater verhaftete. Es war das erste Mal, dass die Unruhen direkte Auswirkungen auf uns hatten, und ich hatte Horrorgeschichten davon gehört, wozu diese Leute fähig waren – Foltermethoden, die sich ein normaler Mensch gar nicht vorstellen kann. Doch dein Vater und ich waren keine politischen Menschen – wir waren weder für noch gegen das Regime –, wir wollten einfach nur hart arbeiten und gut für unsere Familie sorgen. Ich wusste, dass Ghassan nichts getan hatte, was Anlass zur Beunruhigung hätte geben können. Auch wenn das bis dahin die längsten Stunden meines Lebens waren, in denen ich mir das Schlimmste ausmalte und mich auf alles vorbereitete, war ich immer noch davon überzeugt, dass deinem Vater nichts passieren, dass er wohlbehalten zu uns zurückkehren würde. Die Alternative – dass wir ihn nie wiedersehen würden – lag jenseits meiner Vorstellungskraft, ungeachtet dessen, dass so etwas Frauen überall in Syrien widerfuhr, deren Ehemänner einfach spurlos verschwanden.

Für mich war Optimismus die Waffe gegen Angst und Verzweiflung. Ab diesem Zeitpunkt hegte und pflegte ich meine Hoffnung, als wäre sie ein Feuer, das ich keinesfalls erlöschen lassen durfte. Allen Widrigkeiten zum Trotz glaubten dein Vater und ich irgendwie – oder zwangen uns zu glauben –, dass wir verschont bleiben würden. Der menschliche Hang zum Optimismus ist unsere größte Stärke und unsere größte Schwäche zugleich.

Denn in Wirklichkeit war der Krieg wie eine weit entfernte Welle im Meer, die an Stärke und Dynamik gewann, und als sie über Aleppo hereinbrach, hatte sie sich zu einem Tsunami entwickelt, dessen Wucht und Intensität uns vollkommen unvorbereitet trafen. An jenem Tag, an dem ich auf dem Nachhauseweg von der Universität war, brach er über unser Leben herein. Es gab ein Vorher und ein Nachher – eine hauchdünne Linie, die das Schicksal gezogen hatte.

Wir konnten ja nicht ahnen, wie schlimm es werden würde. Hätten wir von Anfang an begriffen, wie es in Aleppo enden würde und welches Grauen uns erwartete, wären wir geflohen. So viele Menschen taten das, zumindest zu Beginn der Kämpfe, als es noch möglich war. Einigen erging es gut, aber wir hörten auch schreckliche Geschichten über Isolation und Armut und Schlimmeres, wenn Menschen in Flüchtlingslagern strandeten oder bei dem gefahrvollen Versuch starben, das Meer oder die Wüste zu durchqueren, um in Länder zu gelangen, die sie gar nicht haben wollten.

Es ist hart, wenn man sein gesamtes Leben und alles Vertraute hinter sich lassen muss und zum Flüchtling wird. Die Bomben waren furchterregend, ja, aber die Vorstellung, irgendwo anders mit nichts wieder anfangen zu müssen, war ebenso grauenvoll. Selbst wenn wir es logistisch irgendwie schaffen würden, was für ein Leben würden wir führen? Wie sollte dein Vater Arbeit finden? Wie würden wir an Geld kommen? Würden wir wieder Freunde finden? Würdest du zur Schule gehen können? Der Krieg hatte unser Leben erschüttert und erschwert, aber das Unbekannte war beängstigend.

Ein syrisches Sprichwort besagt: „Das Unkraut deines eigenen Landes ist besser als der Weizen eines fremden." Es verdeutlicht unsere enge Verbundenheit und Treue zu unserer Heimat. Und außerdem liebten wir unser kleines Zuhause, Bana, das dein Baba und ich aufgebaut und mit Liebe, vielen Erinnerungen und besonderen Dingen angefüllt hatten. Sogar die Klimaanlage hatte einen sentimentalen Wert. Habe ich dir eigentlich schon einmal die Geschichte von unserer Klimaanlage erzählt? Niemand in unserer Familie hatte je eine besessen. Sogar im Sommer, wenn es glühend heiß werden kann, hatten wir uns irgendwie beholfen; eine Klimaanlage war ein

Luxus. Nun, als wir dich nach deiner Geburt an jenem warmen Juninachmittag nach Hause brachten, sorgte sich dein Vater, dass es dir in unserer Wohnung zu heiß werden könnte, und lief plötzlich los, um eine Klimaanlage für das Kinderzimmer zu kaufen. Ich musste lachen, wie er sich schwitzend abmühte, sie am Fenster zu installieren. Ich sagte ihm, dass wir immer gut ohne Klimaanlage ausgekommen seien und dass du es auch könntest. Aber er bestand darauf. „Ich möchte, dass sich unser kleines Mädchen wohlfühlt", erwiderte er und sah auf dich hinunter, als wärest du das Kostbarste auf der ganzen Welt. Was du natürlich warst.

Es ist nur ein albernes kleines Gerät, aber für mich wurde die Klimaanlage zu einem Symbol für die Liebe deines Vaters zu dir und für die Mühen, die er auf sich nimmt, damit du glücklich und in Sicherheit bist und es dir gut geht. Und es gab noch andere Dinge – deine Kleider und Bücher und Puppen und all die schönen Sachen, die dein Vater und ich zusammengespart hatten. Wie der Fernseher, auf den wir fünf Monate lang gespart hatten und den wir uns endlich leisten konnten, nachdem Baba seinen ersten großen Fall gewonnen hatte. Wir fühlten uns so erwachsen, als wir diesen Apparat kauften! Natürlich sind es nur „Dinge", das ist mir klar, und „Dinge" kann man ersetzen. Und doch können auch sie eine Bedeutung haben, Bana. Es sind diese liebevoll zusammengestellten Gegenstände, die ein Heim ausma-

chen, und ein Heim ist dort, wo man sich sicher und geliebt fühlt. Das ist das Wichtigste. Wichtiger als alles andere.

So mussten wir uns also zwischen zwei Übeln entscheiden – gehen oder bleiben. Das heißt, falls wir überhaupt je eine Wahl hatten. Denn ehe wir es uns versahen, gab es kein Zurück mehr, und wir saßen in der Falle; eine Flucht war unmöglich geworden.

Es vergeht kein Tag, an dem ich nicht daran denke, wie viel uns erspart geblieben wäre – vor allem der Albtraum unserer letzten beiden Wochen in Syrien –, wenn wir weggegangen wären. Sind wir aus Stolz geblieben? Aus Angst? Weil wir die Augen vor der Wahrheit verschlossen haben? Wahrscheinlich von allem ein bisschen. Aber hauptsächlich war es wohl die Hoffnung – eine hartnäckige Hoffnung, die immer wieder genährt wurde, wenn sich die Lage in regelmäßigen Abständen besserte, wenn es tage- oder manchmal sogar monatelang keine Bombenangriffe gab und wir den wunderbaren Geschmack der Normalität kosten durften.

Außerdem kamen wir dank unserer Ersparnisse besser mit den Entbehrungen des Krieges zurecht als andere Familien. Wir waren in der Lage, einen Generator und Solarpaneele zu kaufen und einen Vorrat an Lebensmitteln anzulegen. Dadurch hatten wir das Gefühl, wir könnten diese Krise aussitzen, warten, bis der Sturm vorüber war.

Doch immer wieder kehrten die Bomben zurück, jedes Mal schlimmer als zuvor. Dann übermannten uns Angst und Verzweiflung, auch sie schlimmer als zuvor, denn wir hatten zu hoffen gewagt, dass es diesmal anders sein, dass der Krieg endlich vorbei sein würde. In solchen Augenblicken wurden wir daran erinnert, dass unsere Hoffnung so fragil war wie die ersten zarten Jasminblüten in unserem Garten und ebenso leicht zerstört werden konnte.

Mütter haben oft Schuldgefühle. Das wirst du verstehen, wenn du selbst einmal Kinder hast – dauernd macht man sich Sorgen. Jetzt muss ich lachen, wenn ich an die Dinge zurückdenke, die mir vor dem Krieg den Schlaf raubten. Jedes Mal, wenn du geniest hast oder einen leichten Husten hattest, war ich beunruhigt. Ließ ich dich zu viele Süßigkeiten naschen? Wie lange sollte ich dir erlauben fernzusehen? Was hätte ich dafür gegeben, wenn das meine größten Sorgen geblieben wären. Wenn ich mir nur darüber den Kopf hätte zerbrechen müssen, was du isst, und nicht darüber, ob du überhaupt etwas zu essen hast. Wenn meine einzige Sorge gewesen wäre, dass du eine leichte Erkältung hast, und nicht, ob du von einer Kugel oder einem Schrapnell getroffen wirst.

Noch heute werde ich manchmal, wenn ich es zulasse – und ab und zu kann ich einfach nicht anders –, von Schuldgefühlen zerrissen. Was hätte ich noch tun kön-

nen, um dich zu beschützen? Wirst du Narben davontragen, und wie hätte ich es verhindern können? Wird dich das Trauma, das dir widerfahren ist, für immer prägen? Gibt es zwei Banas – die eine, die du hättest sein können, wenn du in Friedenszeiten aufgewachsen wärst, und das Mädchen, das du jetzt bist, geformt durch den Krieg?

Es ist schwer zu beschreiben, welch unbarmherzigen Tribut ein Leben in ständiger Angst fordert. Es ist ein Gefühl, das du nur allzu gut kennst, meine Kleine. Du hast in deinem jungen Leben mehr Tod und Zerstörung gesehen als die meisten Erwachsenen, und Baba und ich konnten dich nicht davor schützen. Ich habe versucht, meine Ängste so weit wie möglich vor dir zu verbergen, um dich nicht damit anzustecken.

Um deinetwillen habe ich mich bemüht, eine gewisse Normalität aufrechtzuerhalten, Bana – sogar in diesen furchtbaren Zeiten. Natürlich wollte ich für deine körperliche Unversehrtheit sorgen, aber auch für deine seelische: Du solltest wissen und verstehen, dass es trotz all dieser Schrecknisse immer noch schöne Dinge gab. Dass wir in dieser Welt Schönheit erschaffen konnten, zumindest in unserem Heim und unserer Familie, um uns damit zu wappnen.

Ich wollte dir vermitteln, dass der Krieg zwar das Schlechteste im Menschen hervorbringen kann, aber auch das Beste, und dass wir lernten, für jeden glücklichen Moment dankbar zu sein.

Du magst Narben davongetragen haben, Bana, von allem, was du gesehen und erlebt hast, aber du besitzt auch eine seelische Stärke, die durch dein Aufwachsen im Krieg geformt wurde. Du hast durchgehalten, weil du Optimismus und eine gewisse Resilienz entwickelt hast. Das ist die wichtigste und härteste Lektion, die du in deinem jungen Leben lernen musstest – dass man niemals die Hoffnung aufgeben darf, Bana. Und niemals der Verzweiflung nachgeben darf. Auch wenn man glaubt, keine andere Wahl zu haben.

Wenn es irgendeinen Trost gibt, dann den, dass diese und andere Lektionen, die du im Krieg gelernt hast, deinen Charakter gestärkt und dir eine neue Perspektive aufgezeigt haben. Ich glaube fest daran, dass du durch deine Erfahrungen, so gern ich sie dir auch erspart hätte, sehr viel großzügiger, dankbarer, rücksichtsvoller und versöhnlicher geworden bist. Denn du hast erlebt, wohin das Gegenteil führt. Du hast das Schlimmste gesehen, und du hast dich von deiner besten Seite gezeigt. Und das ist etwas, Bana. Das ist alles.

Ich betete, dass es ein Mädchen werden würde

Krieg ist beängstigend, weil man dauernd mit schlechten Nachrichten rechnet – was zerbombt wurde oder wer weggeht oder wer verletzt wurde oder was man wegen der Bomben nicht mehr machen kann (zum Beispiel im Park spielen). Aber dann gibt es plötzlich Überraschungen – gute Nachrichten! So war es, als Mama mir erzählte, dass sie wieder ein Baby haben würde!

Ich hatte so sehr gebetet, dass wir Mohammed bekommen würden, weil ich mir eine Schwester wünschte. Aber um dieses Baby hatte ich nicht gebetet, weil ich zu sehr damit beschäftigt war, Gott um ein Ende des Krieges zu bitten – und doch war nun eines unterwegs. Ich war ganz aufgeregt, aber ich machte mir auch Sorgen, dass die Bomben das Baby furchtbar erschrecken würden. Mohammed und ich waren groß genug, um selbst in den Keller zu rennen. Aber das Baby wäre dazu noch zu klein.

Oft wussten wir nicht, wie lange wir im Keller bleiben mussten. Mal waren es nur ein paar Stunden, aber dann wieder viele Tage hintereinander. Also mussten wir immer daran denken, genügend Essen und Wasser und Decken mitzunehmen, wenn die Bomben kamen. Mama griff jedes Mal nach der Tasche mit unseren wertvollsten Sachen und ihrem Koran. Ich schnappte mir, wenn möglich, eine Puppe und ein Buch, mehr konnte ich sowieso nicht tragen. Und in Zukunft dürften wir nicht vergessen, auch noch das Baby einzupacken.

Ich sagte Mama, wie sehr ich mich auf das neue Baby freute, und versprach, ihr zu helfen, so wie ich ihr schon bei Mohammed geholfen hatte – und sogar noch mehr, weil ich jetzt ja größer war. Ich fragte sie, ob sie glaube, dass das Baby Angst vor den Bomben haben oder ob es tapfer sein würde.

Ihre Augen wurden ganz feucht, als sie sagte: „Wir müssen ihm helfen, tapfer zu sein."

„Ihm? Ist es ein Junge?", fragte ich. Ich war enttäuscht, weil ich mir immer noch eine Schwester wünschte. Mama meinte, sie wüsste noch nicht, ob sie einen Jungen oder ein Mädchen erwartete, und dass es eine Überraschung werden würde. Das war schön, weil ich Überraschungen mag. Aber ich betete trotzdem, dass es ein Mädchen mit blonden Haaren werden würde, wie bei meinen Puppen.

Während Mamas Bauch dicker wurde, ließen die Angriffe ein wenig nach. Eine Zeit lang fielen mal mehr, mal weniger Bomben. Es war ein guter Tag, wenn man nur drei oder vier Bomben hörte und sie weit weg waren. An einem schlechten Tag hörte man zehn Bomben, und sie waren nah. Zeitweise gab es so viele gute Tage nacheinander, dass man den Krieg fast vergaß. Dann durften wir sogar in den Park gehen. Wir mussten über eine

Menge Schutt steigen, und der Park war schmutzig und staubig, aber es machte immer noch Spaß. Yasmin und ich räumten uns ein Eckchen frei, damit wir einen glatten Untergrund hatten und seilspringen konnten. Ab und zu spielten wir auch „Himmel und Hölle".

Mama war müde, während das Baby in ihr wuchs, also half ich ihr besonders viel. Wichtig war, dass wir jeden Tag genügend Wasser hatten. Vor dem Krieg kam das Wasser aus dem Wasserhahn an der Küchenspüle, aber die Bomben zerstörten die Wasser- und Stromleitungen. Manchmal stellte auch die Regierung den Strom ab, den man für die Wasserpumpen brauchte, weil sie böse auf uns war. Es konnte vorkommen, dass wir lange Zeit kein Wasser hatten, also mussten wir einen Vorrat in Kanistern anlegen und sparsam damit umgehen.

Man wusste nie genau, wann es wieder Wasser geben würde oder wie lange. Manchmal machte ein Nachbar alle darauf aufmerksam, indem er durch die Straßen lief und laut rief: „Es gibt Wasser!" Auch wenn es mitten in der Nacht war, musste man aufstehen und sich Wasser holen, weil man nie wusste, wann man das nächste Mal etwas bekommen würde. Baba und ich füllten die Wasserkanister an den großen Wassertanks auf der Straße. Oft mussten wir uns lange dafür anstellen. Auf dem Rückweg waren die Kanister sehr schwer, aber Baba und Onkel Wesam ermunterten mich: „Gleich sind wir da, Bon Bon, nur noch ein Stückchen." Wieder zu Hause fühlten sich meine Arme müde und zittrig an.

Wenn es kein Wasser in der Nähe gab, mussten wir weit dafür fahren, und wir nahmen einen riesigen Metallbehälter mit und versuchten, so viel Wasser wie möglich zu kriegen. Das Wasser zu besorgen war viel Arbeit, aber ohne Wasser kann man nicht überleben.

Baba brachte große Solarpaneele auf dem Dach an, die den Sonnenschein in elektrischen Strom verwandelten, damit er und Mama ihre Handys aufladen und Mohammed und ich fernsehen konnten. Trotzdem ging das nur eine Stunde am Tag. Meistens suchte ich die Sendungen für uns aus, aber ab und zu durfte auch Mohammed etwas auswählen. Er wollte immer Zeichentrickfilme sehen wie *SpongeBob* oder *Tom und Jerry*. Ich fand diese Filme irgendwie albern, aber auch für Mohammed war es wichtig, den Krieg zu vergessen.

„Es ist Zeit zu gehen"

Endlich sollte das Baby kommen. Da war ich froh, ich hatte das Warten nämlich satt. Allerdings ergab sich dabei ein Problem. Das Regime bombardierte immer noch die Krankenhäuser in Ost-Aleppo, weshalb es weder einen Ort gab, wo das Baby zur Welt kommen konnte, noch Ärzte, um es dabei zu unterstützen. Die wenigen Ärzte hier hatten alle Hände voll damit zu tun, den Menschen zu helfen, die von den Bomben in die Luft gejagt wurden. Es wurde nämlich wieder ganz schlimm.

Mama und Baba machten sich Sorgen. Sie versuchten so zu tun, als wäre nichts, aber ich sah ihnen an, dass es nicht stimmte, weil Mama oft geistesabwesend und manchmal so still war. Der Krieg war schuld daran, dass manche Babys krank geboren wurden. Ich sollte eigentlich einen kleinen Cousin bekommen, aber er war nicht lebensfähig, weil er keine Knochen hatte. Es gab nicht genug zu essen, und die Luft war ständig voll von schädlichen Chemikalien und Staub. Überall roch es nach Metall und brennendem Öl.

Es ist auch schlecht für ein Baby, wenn man die ganze Zeit Ängste auszustehen hat, dann entwickelt es sich nicht so gut. Deshalb meinte Mama, wir müssten möglichst unbekümmert und fröhlich sein, solange das Baby in ihr heranwuchs. Wir lasen Mamas Bauch etwas vor. Ich suchte Bücher aus, von denen ich glaubte, dass sie dem Baby gefielen, wie zum Beispiel die Geschichte vom gierigen Fuchs, und Mama las den Koran. Das Baby sollte wie ich mit einem Lächeln im Gesicht geboren werden und wissen, dass es – er oder sie! – von Gott geliebt wurde.

Aber jetzt, wo es mit den Bomben wieder schlimmer wurde, machte ich mir Sorgen, wie das Baby überhaupt auf die Welt kommen sollte.

Eines Tages, als Mamas Bauch schon so dick war, dass sie sich kaum noch bewegen konnte, trafen die Splitter einer Bombe Nana Samars und Großvater Maleks Haus in unserer Straße. Wir waren in den Keller gegangen, weil die Bombenangriffe so nah waren, und hatten Angst davor, was uns oben erwarten würde. Man wusste nie, wer gestorben oder was zerstört worden war.

Diesmal war es ganz furchtbar. Das Haus meiner Großeltern hatte zwei Stockwerke. Sie wohnten unten, und ein netter Mann namens Abdo bezahlte Großvater etwas dafür, dass er mit seiner Familie oben wohnen durfte. Die Splitter der Bombe trafen Abdo und verletzten ihn schwer. Großvater meinte, es hätte leicht ihn oder Nana oder eine meiner Tanten und Onkel erwischen können, die ebenfalls dort lebten.

Großvater saß in unserem Wohnzimmer, drückte die weinende Nana an sich und sagte: „Wir halten das nicht mehr aus."

Alle waren schrecklich ernst, und ich überlegte, wie ich sie zum Lachen bringen könnte. Da sagte Großvater:

„Es ist Zeit zu gehen. Wir können morgen packen und alles regeln und gleich übermorgen früh aufbrechen."

In dem Moment dachte ich nicht mehr daran, die anderen zum Lachen zu bringen. Mein Magen schlug Purzelbäume.

Ich kuschelte mich zu Großvater aufs Sofa und legte meinen Kopf in seinen Schoß.

„Bitte bleibt hier", sagte ich. Großvater strich mir nur übers Haar.

„Wir gehen doch bloß in die Türkei, Bon Bon. Für eine kleine Weile. Bis es hier wieder besser wird."

Er wandte sich an Mama und Baba. „Ihr solltet auch mitkommen. Hier ist es nicht sicher. Es wird immer schlimmer."

Wieder schlug mein Magen einen Purzelbaum, denn ich wollte Syrien nicht verlassen.

Mama und Baba schwiegen. Ich wusste, dass auch sie nicht wegwollten. Andererseits, wenn alle gingen, wäre es hier nicht mehr so lustig. Und Nana Samar sollte Mama und mir doch mit dem Baby helfen. Jetzt würden sie es gar nicht kennenlernen! Zumindest waren Großmutter und Großvater Alabed noch da und konnten uns unterstützen.

Während Mama sich zu Hause ausruhte, gingen wir zu Nana und Großvater, um mit ihnen durchzusehen, was sie mitnehmen konnten. Wir gruben alles Brauchbare aus, das unter den Trümmern der eingestürzten Wände und Böden lag. Um Wasser zu sparen, musste ich nicht so oft baden, aber an jenem Abend tat ich es, weil ich über und über mit Staub bedeckt war.

Mama und Baba unterhielten sich bis spät in die

Nacht. Eigentlich sollte ich schlafen, aber ich hörte ihre ernsten Stimmen. Ich konnte nicht einschlafen, weil wir am nächsten Tag von Nana und Großvater Abschied nehmen mussten und ich Angst hatte, sie nie wiederzusehen.

„Weine nicht, Bon Bon, wir sehen uns bald wieder“

Am nächsten Morgen in aller Frühe fielen wieder Bomben. Jeden Tag wachten wir nun von den Bomben auf wie von Vogelgezwitscher.

Wir rannten in den Keller hinunter. Seit Mama so einen dicken Babybauch hatte, war sie nicht mehr so schnell, und das machte mir Sorgen. Noch bevor wir unten ankamen, gab es einen lauten Knall. Überall barst Glas. Aber wir blieben nicht stehen, um nachzusehen, was oder wo das passierte – wir rannten einfach weiter.

Mama zitterte am ganzen Körper. Sie sah sehr müde und blass aus. Unten legte sie sich mit Baba auf den Kellerboden und fing an zu weinen. Mama brach nicht oft in Tränen aus, und wenn doch, musste ich immer mitweinen, als wären unsere Tränen eins. Es gibt kein schlimmeres Gefühl auf der Welt, als wenn Mama so verzweifelt ist. Ich legte meinen Kopf auf ihren Bauch und lauschte, wie das Baby darin herumschwamm. Das beruhigte ich mich ein bisschen.

Als der Angriff vorüber war, gingen wir nach oben und sahen, dass die Wohnzimmerfenster geborsten waren.

Wir halfen alle zusammen, die Scherben vom Boden aufzusammeln. Das war nun schon das fünfte Mal passiert; wir konnten kein Glas mehr auftreiben, deshalb setzte Baba Nylongewebe anstelle von Scheiben ein.

Am Abend kamen Nana und Großvater vorbei, um uns Auf Wiedersehen zu sagen. Aber es wurde dann gar kein Abschied, Mama und Baba hatten sich nämlich einen neuen Plan zurechtgelegt. Mama hatte entschieden, dass es zu gefährlich war, das Baby in Syrien zu bekommen. Deshalb würden sie und Mohammed und ich mit Nana, Großvater, Tante Nouran, Onkel Saleh und Großvaters Mutter in die Türkei gehen.

Das war eine gute Nachricht für mich, jetzt musste ich mich nicht von ihnen verabschieden. Aber es war auch eine schlechte Nachricht, weil Baba nicht mitkommen würde. Er würde auf unser Haus aufpassen, damit niemand einbrach und Sachen mitnahm, weil er dachte, wir wären für immer fortgegangen. Baba war überzeugt davon, dass es mit dem Krieg schon bald besser werden würde, sodass wir aus der Türkei zurückkehren könnten. In der Zwischenzeit wollte er hierbleiben und anderen Menschen helfen. Außerdem hatte er auch gar keinen Pass, um in die Türkei einzureisen.

Großvater und Nana fanden es eine gute Idee, dass wir mitkamen, aber sie hatten nur ein Auto für uns alle und ihren gesamten Besitz. Großvater war nicht sicher, ob der Platz für sämtliche Kinder und Enkel reichen würde – insgesamt acht Personen. Als er uns das sagte, machte er ein Gesicht, als hätte er schlimme Kopfschmerzen, aber dann meinte er, wir würden es schon irgendwie hinbekommen.

Ich war hin- und hergerissen. Was war besser, reinzupassen oder nicht reinzupassen? Ich überließ Gott die Entscheidung.

Am Morgen kam Onkel Saleh zu uns und sagte, wir hätten alle Platz, müssten jedoch in dreißig Minuten startklar sein. In größter Hast packten wir unsere Sachen, dabei durften wir kaum etwas mitnehmen, nicht mal eine meiner Puppen. Mama meinte, wir könnten uns in der Türkei Kleider und Schlafanzüge besorgen.

Ich war sehr traurig, weil ich meine Puppen zurücklassen musste, aber hauptsächlich wegen Baba.

Das Auto war vollgestopft mit Menschen und Sachen; es war so eng, dass wir richtig zusammengequetscht wurden und uns kaum bewegen konnten. Baba hätte also sowieso nicht reingepasst, aber ich dachte, wir könnten doch vielleicht ein zweites Auto besorgen oder ein bisschen Gepäck wegwerfen – irgendwie würde es schon gehen. Und an der Grenze könnten wir erklären, warum Baba keinen Pass hatte, und dann würden sie uns durchlassen, weil wir eine Familie sind.

Baba sagte jedoch: „Nein, Bana, ich muss hierbleiben. Wir sehen uns bald wieder." Er hob mich hoch. Baba duftete nach seinem typischen Rasierwasser, nach einer Mischung aus Seife und Bäumen, und als ich daran dachte, dass ich das nicht mehr riechen würde, kamen mir die Tränen. Dieses Mal weinte ich viel. Ich konnte einfach nicht anders.

„Weine nicht, Bon Bon." Aber es ist schwer, die Tränen zurückzuhalten, selbst wenn man es möchte. Mohammed weinte ebenfalls. Großvater sagte, wir müssten los, weil es eine gefährliche Fahrt werden würde und er unterwegs sein wollte, bevor die Flugzeuge kämen.

Wir nahmen also Abschied. Baba hörte nicht auf zu winken, und ich hörte nicht auf zu weinen. Schließlich schlief ich ein, und als ich aufwachte, war es Nacht, und wir waren in der Türkei.

Uns fehlte nur noch Baba

Ich vermisste Baba. Ich hatte noch nie eine Nacht getrennt von ihm verbracht, außer das eine Mal, als ihn der Mukhabarat mitgenommen hatte. Wir wohnten in einem gemieteten Haus, aber es war nicht wie daheim und fühlte sich ohne Baba leer an. Ich machte mir Sorgen, dass ihm etwas zustoßen könnte, während wir weg waren. Allerdings durfte ich täglich mit ihm sprechen. Ich fragte ihn jedes Mal, wann er uns besuchen käme. „Bald, Bana, bald", antwortete er immer. Und dann erinnerte ich ihn daran, dass er meine Puppen mitbringen sollte. Er versprach es.

Einige Wochen nach unserer Abreise beschlossen Großvater und Großmutter Alabed ebenfalls, Syrien zu verlassen – damit waren Baba und seine Brüder ganz ohne Eltern in ihrer Nähe. Großmutter und Großvater gingen in eine andere Stadt in der Türkei, einige Autostunden von uns entfernt. Ich war traurig, weil ich keine Gelegenheit gehabt hatte, mich von ihnen zu verabschieden, und ich wusste nicht, wann ich sie wiedersehen würde. Es gefiel mir nicht, dass jetzt alle ganz verstreut lebten. Eine Familie sollte zusammen sein, nicht ein paar hier und ein paar dort.

In einem Krankenhaus in der Türkei fand Mama einen netten Arzt. Aber er hatte keine guten Nachrichten für sie: Wenn das Baby jetzt geboren werden würde, wäre es nicht gesund, deshalb musste sie Medikamente nehmen, damit es in ihrem Bauch blieb und weiterwuchs. Wir waren alle sehr beunruhigt, besonders Mama. Sie streichelte die ganze Zeit ihren Bauch und redete mit dem Baby. „Du wirst gesund sein. Bitte, sei gesund", hörte ich sie flüstern.

Nach zwei Wochen hieß es, das Baby könne nun kommen. Mama erklärte mir, dass der Arzt ein kleines Loch in ihren Bauch schneiden und das Baby herausziehen würde, aber es würde nicht wehtun, weil sie es so anstellten, dass man keinen Schmerz spürte. Auch Mohammed und ich wurden auf diese Art geboren.

Ich konnte nicht dabei sein, als der Arzt das Baby herausholte, weil das nicht erlaubt war. Nana und Großvater nahmen mich am nächsten Tag mit ins Krankenhaus, um Mama zu besuchen. Mama sah krank aus, aber sie lächelte. In den Armen hielt sie eine Decke, die um einen Laib Brot gewickelt zu sein schien. Es war jedoch kein Brot – es war das Baby.

Überraschung: Es war ein Junge. Wieder ein Junge.

Er war klein und runzlig und sah aus wie ein Küken ohne Federn. Aber er roch nach frischem Brot. Auch wenn er kein Mädchen war, hatte er, wie ich es in meinen Gebeten erfleht hatte, zumindest blonde Haare. Ich hatte ihn schon lieb gehabt, als er noch in Mamas Bauch gewesen war, aber jetzt liebte ich ihn noch mehr.

Wir durften ihn nur ein paar Minuten halten, weil er so klein und schwach war, daran war wahrscheinlich der

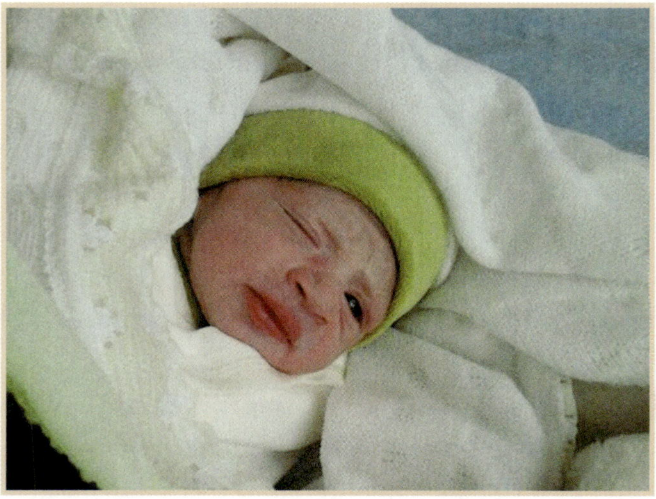

Krieg schuld. Mama sagte, er sei nur halb so groß wie ich bei meiner Geburt. Die Krankenschwestern legten ihn unter eine Wärmelampe, damit er besser wachsen konnte.

Auch Mama war geschwächt. Sie wirkte erschöpft und sah irgendwie grau aus. Offenbar hatte sie nicht genug Blut, weshalb sie noch im Krankenhaus bleiben musste. Sie brauchte sehr viel Ruhe, aber ich durfte jeden Tag ein paar Stunden mit ihr verbringen. Dann kletterte ich in ihr Bett, und wir kuschelten mit dem Baby. Uns fehlte nur noch Baba.

Sein Name bedeutet „Licht“

Ich dachte, wir würden nur kurz in der Türkei bleiben, aber der Aufenthalt zog sich in die Länge, weil Mama krank und immer müde war. Sie kam nicht ohne Nanas Hilfe aus und musste erst wieder kräftiger werden. Ich dachte bei mir, sie würde Kraft schöpfen, wenn sie Baba sehen würde. Er fehlte ihr genauso wie mir.

Ich sagte Mama, dass ich Baba und mein Zimmer und meinen Schreibtisch und meine Bücher vermisste. Ich wollte nach Hause. Mama meinte, auch ihr fehle unser Zuhause. „Wir haben Heimweh, Bana“, erklärte sie mir. Das ist, wenn man traurig ist, weil man nicht an dem Ort sein kann, wo man lebt und wo man sein möchte.

Nach zwei Monaten besuchte uns Baba in der Türkei. Das war gefährlich, weil er aus Aleppo herauskommen und heimlich über die Grenze musste, er hatte ja keinen Pass. Als Baba uns besuchte, reisten auch Großmutter und Großvater Alabed von ihrem türkischen Wohnort an. Und Onkel Nesar. Er hatte lange in der Türkei im Krankenhaus gelegen, nachdem er im Auto von einer Bombe getroffen worden war. Die Windschutzscheibe war geborsten, und die Splitter waren in seinem Gesicht gelandet. Sein Anblick war ein bisschen erschreckend, weil er jetzt keine Augen und keine Nase mehr hatte. Und er konnte mich nicht mehr sehen und staunen, wie groß ich seit unserer letzten Begegnung geworden war, aber ich erzählte es ihm.

Trotzdem, wir waren überglücklich, Baba und die gesamte Familie wiederzusehen! Dieses Gefühl ist unbeschreiblich – es ist, als täte einem vom vielen Strahlen das Gesicht weh und als wäre der ganze Körper voller Schmetterlinge. So ein Glücksgefühl ist das. Auch Nesar freute sich sehr; obwohl er uns nicht mehr sehen konnte, war er froh, dass wir alle wieder vereint waren und er nicht mehr im Krankenhaus liegen musste.

Nachdem wir Baba ausgiebig umarmt und geküsst hatten, nahm er das Baby hoch und grinste wie ein Honigkuchenpferd, als er es neben sein Gesicht hielt. So Kopf an Kopf war die Ähnlichkeit der beiden nicht zu übersehen.

„Freut mich, dich kennenzulernen, Nour“, sagte Baba leise.

So nannten wir das Baby. Nour.

Sein Name bedeutet „Licht“. Mama meinte, das sei genau das, was wir brauchten.

An der extremen Erschöpfung hätte ich merken müssen, dass ich in anderen Umständen war. Aber ich war schon so lange müde und zermürbt von den endlosen Bombenangriffen, dass ich längst die Fähigkeit verloren hatte, die Zeichen meines Körpers zu deuten. Mein Kriegskörper war ein zerrüttetes Nerven- und Adrenalinbündel.

Und weil ich bei dir und Mohammed solche Probleme gehabt hatte, schwanger zu werden, und so viele Behandlungen und Operationen gebraucht hatte, war mir gar nicht in den Sinn gekommen, dass es noch einmal passieren könnte. Außerdem hatte ich genug damit zu tun, die Kinder, die ich bereits hatte, durchzubringen; der Gedanke an ein weiteres Baby schien unter diesen Umständen geradezu abwegig. Und doch war es so. Ich war schwanger.

Der Krieg in Aleppo tobte nun schon fast ein ganzes Jahr, Angst und Unsicherheit prägten unser Leben. Es war also keine frohe Botschaft wie bei Mohammed und dir, sondern ich war geschockt und überwältigt von nackter Angst und Grauen.

Wie sollten wir dieses Baby ernähren? Wie und wo sollte ich entbinden? In das Krankenhaus in West-Aleppo, wo du zur Welt gekommen bist, konnte ich nicht mehr gehen, und in Ost-Aleppo waren viele Krankenhäuser zerstört, darunter auch das, in dem Mohammed geboren wurde. Außerdem waren meine ersten beiden Schwangerschaften schwierig gewesen, genauso wie die Geburten, von denen ich mich nur langsam erholt hatte. Wie sollte ich es ohne medizinische Hilfe schaffen?

Und selbst wenn die Geburt ohne Probleme verlaufen und ich ein gesundes Kind bekommen würde, wie sollten wir es großziehen? Es gab fast nichts zu kaufen und kaum sauberes Trinkwasser. Berichten zufolge waren bereits Babys mit Geburtsfehlern wegen der Chemikalien geboren worden, die bei den Luftangriffen freigesetzt wurden, und andere kamen zu früh und krank zur Welt, weil ihre Mütter unterernährt und infolge von Angst und Stress körperlich beeinträchtigt waren.

Es war Irrsinn, ein Kind in eine Welt zu setzen, die von so viel Tod heimgesucht wurde. Es war unvorstellbar.

Dein Baba und ich quälten uns mit der Frage, was wir tun sollten. In unserer Verzweiflung und in unserer dunkelsten Stunde verfielen wir sogar auf den Gedanken, die Schwangerschaft auf irgendeine Art abzubrechen. Schon die Vorstellung war grauenvoll, aber unsere Verzweiflung war so groß. Wir baten meine Freundin Asma, eine Krankenschwester, jemanden zu suchen, der uns helfen würde. Letztendlich konnte ich mich jedoch nicht dazu durchringen.

Denn die Wahrheit war: Meine Schwangerschaft war ein Wunder, und ich wollte ja eigentlich noch ein Kind. Krieg hin oder her, das war nun mal eine Tatsache. Und ich sah diesen kleinen Jungen auch schon vor mir – irgendwie wusste ich, dass es ein Junge werden würde –, genauso klar und deutlich, wie ich dich vor mir gesehen hatte, Bana.

Ich war bereits jetzt seine Mutter, obwohl er noch nicht einmal da war. Der Krieg hatte uns schon so viel genommen, und ich konnte und wollte nicht zulassen, dass er uns auch noch unser Baby wegnahm. Mir war bewusst, dass vermutlich vom Augenblick seiner Geburt an der Schatten des Todes über ihm schweben würde, und dennoch glaubte ich, dass er eine Chance zu leben verdient hatte.

Es war also entschieden. Wobei ich mich erst so richtig darüber freute, nachdem ich es dir erzählt hatte. Weißt du noch? Du hast in die Hände geklatscht und gejubelt.

„Ein Baby für mich?“, hast du gefragt.

„Na ja, für uns alle“, habe ich geantwortet.

Von diesem Augenblick an gestattete ich mir, ein kleines bisschen Glück und Vorfreude zu empfinden. Ich ließ mich von deiner Begeisterung anstecken und verdrängte – zumindest für einen Augenblick – alle Angst und Sorgen.

Als ich mit dir und Mohammed schwanger war, hatte ich ständig Kontrolluntersuchungen, und es war tröstlich zu wissen, dass ihr Finger und Zehen und eine Lunge hattet und euch richtig entwickelt habt. Bei Nour hatte ich kaum Zugang zu medizinischer Versorgung, und das war schrecklich für mich. Als Krankenschwester kam Asma gelegentlich an ein Ultraschallgerät heran, und zweimal untersuchte sie mich damit. Du bist mitgekommen und warst ganz fasziniert davon, dass du das Baby auf dem Bildschirm sehen und seinen Herzschlag hören konntest. Sein Ultraschallbild hast du ständig mit dir herumgetragen und es jedem Familienmitglied gezeigt. „Schau mal, das ist das Baby in Mamas Bauch!", sagtest du dann voller Staunen.

Du hattest so viele Pläne und Träume in Bezug auf das Baby – insbesondere, dass es blond werden sollte. Ich hielt deinen Wunsch für ziemlich abwegig, weil wir alle dunkelhaarig sind, aber siehe da, er hat sich erfüllt.

Manchmal, wenn wir im Keller saßen und über uns die Luftangriffe wüteten, hast du mir erzählt, was du ihm alles beibringen und zeigen würdest. Das war schon irgendwie eine seltsame Situation: Wir verkrochen uns wie Kaninchen in ihrem Bau, während es Bomben regnete, und wussten nicht, was die Nacht oder der folgende Tag bringen würden, und du sangst Lieder und maltest dir eine Zukunft aus, die heller strahlte als jede Brandbombe.

Wir lauschten deinen großen Träumen, dabei war unser wichtigstes Ziel, uns alle am Leben zu halten. Das ist das Paradoxe am Krieg – man schmiedet ebenso eifrig und entschlossen Zukunftspläne, wie man sich darauf einstellt, dass man vielleicht gar keine Zukunft hat.

Die letzten Monate meiner Schwangerschaft fielen in eine relativ ruhige Phase in Aleppo – fast als wären meine flehentlichen Gebete erhört worden, dass das Baby in eine friedliche Welt hineingeboren werden sollte. Deshalb war es umso grausamer und schrecklicher, dass die Wochen unmittelbar vor dem Geburtstermin von einer intensiven Angriffswelle geprägt waren. Als wolle sich der Krieg über mich lustig machen.

Eines Nachts konnte ich das unheilvolle Gefühl nicht abschütteln, dass ich bei der Niederkunft sterben würde, wenn ich in unserer Wohnung entbinden müsste – was allerdings immer noch besser wäre als in einem Krankenhaus, da diese kaum noch in Betrieb waren und außerdem zur Zielscheibe von Angriffen geworden waren.

In jener Nacht fanden die unbarmherzigsten Bombardierungen seit Monaten statt. Ich hatte schreckliche Angst, dass im Keller die Wehen anfangen würden. Normalerweise lenkten wir uns mit Lesen und Singen ab, aber in jener Nacht konnte ich nur beten und mit kurzen, flachen Atemzügen versuchen, die Schmerzen und die Panik auszublenden.

In der Kampfpause am nächsten Morgen stiegen wir

im fahlen grauen Licht nach oben, ängstlich und zitternd.

Weil die Bomben ganz nah eingeschlagen hatten, fürchteten wir uns vor dem deprimierenden Ritual, die Schäden in Augenschein zu nehmen. Rasch stellten wir fest, dass Nanas und Großvaters Haus zerstört und Abdo schwer verletzt worden war. Für meine Eltern, die bereits entschlossen waren zu fliehen, brachte dies das Fass zum Überlaufen. Sie wussten nicht mehr weiter und waren erschöpft von dem Gefühl, auf dem Präsentierteller zu sitzen. Ich konnte ihren Wunsch, wegzugehen, nachvollziehen, auch wenn ich es bedauerte. Was würde das für ein Zuhause sein ohne meine Eltern? Ich war mit meinen fünfundzwanzig Jahren erwachsen und hatte einen Mann und zwei Kinder, und ein drittes war unterwegs, aber seine Mama braucht man immer, Bana.

Sie beschlossen, sich am nächsten Tag nach Urfa aufzumachen, einer türkischen Stadt direkt an der Grenze zu Syrien. Ghassan und ich zerbrachen uns den Kopf über unsere Optionen und entschieden, dass ich meine Eltern, wenn möglich, begleiten sollte. Ich konnte dieses Baby nicht in Syrien bekommen – ich war immer noch besessen von dem Gefühl, dass das Baby oder ich oder wir beide bei der Geburt sterben würden. Doch der Gedanke, deinen Vater zurückzulassen und ohne ihn in die Türkei zu gehen, machte mich krank vor Angst und Einsamkeit. Ghassan war doch mein Fels in der Brandung und meine Kraftquelle. Dein Vater ist ein wunderbarer Mann – stark und unerschütterlich. Ich konnte mir nicht vorstellen, jemals ohne ihn zu sein.

Und so hatten wir wieder nur die Wahl zwischen zwei Übeln: bleiben oder gehen. Letztendlich riet mir mein Bauch zu gehen – ich hatte keine andere Wahl. Und ich bin bis zum heutigen Tag aus tiefstem Herzen davon überzeugt, dass ich gestorben wäre, falls ich geblieben wäre. Wenn man bedenkt, wie krank ich nach der Geburt war und wie viel Blut ich verloren habe, hätte es ohne die medizinische Hilfe tatsächlich ganz anders für mich ausgehen können als jetzt. Trotzdem, Syrien und Baba zu verlassen war eines der schwersten Dinge, die ich je getan habe.

Und weißt du noch, wie du geweint hast, Bana? Ich hatte dich noch nie so weinen gesehen. Du wolltest nicht, dass ich dich verlasse, und das hätte ich auch nicht fertiggebracht. Aber du wolltest auch Baba nicht verlassen. Das Auseinanderreißen unserer Familie war für uns alle unerträglich. Erst nach mehreren Stunden Fahrt hast du dich beruhigt und bist erschöpft auf meinem Schoß eingeschlafen. Ich war so glücklich, dass du bei mir warst, meine Kleine. Du gabst mir Kraft – noch nie in meinem Leben hatte ich sie dringender gebraucht. In einem fremden Land ohne deinen Vater an meiner Seite ein Kind auf die Welt zu bringen war eine der einsamsten Erfahrungen meines Lebens. Doch dann war das Baby da, gesund, wenn auch viel kleiner als du und Mohammed bei eurer Geburt. Er sah genauso aus wie der hellhäutige Junge, den du dir vorgestellt hattest, mit einem unglaublich seidigen blonden Haarschopf. Als ich das erste Mal seine Wärme an meiner Brust spürte, verblasste alles andere, was ein Teil von mir geworden war: die Bomben, der Verlust, die Verzweiflung und die Angst. An ihre Stelle trat ein Gefühl der Ruhe, wie ich es seit Jahren nicht mehr erlebt hatte. Die Welt bestand nur noch aus seinem Herzen, das gegen meines schlug, eine tröstliche und nährende Kraft.

In diesem Moment fühlte ich mich … gestärkt, unbesiegbar. Ich hatte Schönheit und Leben in die Welt gebracht, und diese Kraft ist unendlich viel mächtiger als Geschütze und Bomben und Unheil. Es ist die einfachste Gleichung des Universums: Das Leben ist der Gegenpol zum Tod, wie das Licht der Gegenpol zur Dunkelheit ist.

Dein kleiner Bruder war ein Licht in der Dunkelheit, deshalb nannten wir ihn Nour. Seine Geburt war wie ein Zeichen für mich, dass die Welt besser werden konnte und würde. Sie verlieh mir die Hoffnung, dass mein Land gegen alle Erwartungen in der Lage sein würde, dieses zerbrechliche Bündel am Leben zu erhalten, die Hoffnung, dass seine Existenz Beleg und Anzeichen für ein Wiedererwachen der Mitmenschlichkeit war, und so wie seine Geburt einen Neubeginn darstellte, würden vielleicht auch wir in Aleppo einen Neubeginn erleben.

Eine Weile schien dies sogar in greifbare Nähe gerückt zu sein. Baba erzählte uns, wie sehr sich die Lage in Syrien inzwischen entspannt hatte. Schon seit Monaten war es ruhiger; das Leben schien wieder zur Normalität zurückzukehren. Baba hatte eine neue Arbeit gefunden. Nach fünf langen Monaten der Abwesenheit fühlte ich mich stärker, und es war Zeit, zurück nach Hause zu gehen. Wir glaubten, uns würde eine strahlende Zukunft erwarten.

Ach Bana, wie haben wir uns bloß getäuscht.

Wenn man Heimweh hat, wird es zu Hause besser

Wir fassten den Entschluss, nach Syrien zurückzukehren. Baba hatte uns erzählt, in Aleppo wäre es jetzt besser – in letzter Zeit fielen nicht mehr so viele Bomben. Er arbeitete sogar wieder. Als er sagte, wir sollten nach Hause kommen, war das für Mama und mich eine wunderbare Nachricht.

Nana und Großvater hingegen fanden es gar nicht wunderbar, als sie von unserem Plan erfuhren. Sie klangen ärgerlich. Großvater sagte: „Das ist Irrsinn, Fatimah. Du hast jetzt ein Baby. Hier bist du sicher. Zurückzugehen ist Selbstmord."

Mama erwiderte, Baba habe wieder einen Job und in der Türkei fände er keine Arbeit. Sie erklärte den beiden, dass sich die Lage gebessert habe, und versprach, sofort alles zusammenzupacken und zurückzukommen, falls es wieder schlechter werden würde. Aber wir mussten nach Aleppo zurück – und sei es nur, um unseren Besitz zu holen. Wir konnten nicht einfach alles zurücklassen.

Ich war einverstanden, weil ich meine Puppen wiederhaben wollte, meine Bilder, die ich gemalt hatte, und alles andere. Außerdem hatte ich mich nicht von Yasmin und meinen übrigen Freundinnen verabschieden können. Was ich eigentlich auch gar nicht wollte. Ich sagte zu Großvater, dass ich für immer in Syrien leben wolle.

Er stieß einen tiefen Seufzer aus. „Ich weiß, Bana", antwortete er. „Aber wir möchten, dass du hierbleibst, in Sicherheit."

Ein kleiner Teil von mir wünschte sich das auch, weil mich die Aussicht, nach Aleppo zu gehen, ein bisschen unruhig machte – was, wenn wieder Bomben fielen? Aber hauptsächlich war ich aufgeregt, denn wenn man Heimweh hat, wird es zu Hause besser.

Und wir fuhren nach Hause.

Mein kleiner Bruder sollte niemals Angst haben müssen

Baba hatte recht: Es war viel besser geworden. Vom Krieg war kaum etwas zu spüren, und alles ging wieder seinen gewohnten Gang – obwohl ich mich kaum noch an mein normales Leben zurückerinnern konnte, so lange war das schon her. Nour wurde größer und fing zu krabbeln und dann zu laufen an, und es fielen nur noch selten Bomben. Es war fast so wie zu der Zeit, als ich ein Baby war. Obwohl man den Krieg nicht völlig vergessen konnte. Nicht jedes kaputte Haus wurde repariert, und es gab nur zwei- oder dreimal pro Woche Wasser und Strom, aber ich hatte nicht mehr ständig solche Angst, und das war schön. Vielleicht hatte Nour ja Glück, dachte ich – vielleicht würde er die Bomben und Gewehrkugeln und die Kämpfe gar nicht kennenlernen. Mein kleiner Bruder sollte niemals Angst haben müssen. Er war doch noch ein Baby.

Und wenn der Krieg wegblieb, konnte Nour vielleicht wie ich schwimmen lernen, auch wenn das Al-Rabia-Schwimmbad von einer Bombe zerstört worden war. Sie würden eben ein neues Schwimmbad bauen müssen.

Oder wir könnten Nour, wenn er größer war, mit zum Markt nehmen und ihm Wackelpudding kaufen. Allerdings waren noch viele Geschäfte geschlossen. Und diejenigen, die geöffnet waren, hatten meistens nicht das vorrätig, was man haben wollte.

Einmal machten wir mit Nour eine Fahrt auf dem Riesenrad. Es war an meinem Lieblingsfesttag, Eid. Wir gingen alle gemeinsam zum Markt, um uns zur Feier des Tages etwas Besonderes zu gönnen. Ein Mann aus unserem Viertel hatte einen kleinen Wagen mit einer Maschine, mit der er Zuckerwatte machen konnte, und wir bekamen welche. Unsere Lippen und Zungen färbten sich rosa. Einmal brachte ich dem Mann Zucker von zu Hause mit, im Krieg war es nämlich manchmal schwierig, an Zucker zu kommen. Ich sagte ihm, er dürfe ihn haben, damit er für alle Kinder Zuckerwatte machen konnte.

Auch andere Familien bummelten über den Markt, und wir lächelten einander zu, weil wir so froh waren. Mama meinte, allmählich würden sich die Menschen erholen und besser fühlen, und wir waren in Hochstimmung. Im Park in der Nähe unseres Hauses war ein kleines Riesenrad aufgestellt worden, und wir fuhren einmal mit. Baba erlaubte es aber nur für ein paar Minuten. Er wurde immer noch nervös, wenn wir länger draußen waren. Dieses Gefühl lässt sich nicht so leicht abschütteln, selbst wenn man in Sicherheit ist.

Nour mochte das Riesenrad nicht so, wie ich gedacht hatte – als wir das erste Mal ganz oben waren, weinte er, aber dann gewöhnte er sich daran, und es gefiel ihm besser. Zehn Minuten lang fuhren wir immer rundherum. Mama und Baba sahen uns zu und lächelten und winkten

und machten ein Foto. Wenn man so viel Schlimmes durchstehen muss, erlebt man die schönen Ereignisse intensiver und freut sich mehr darüber. An jenem Tag waren wir so glücklich, dass wir fast vergaßen, dass es jemals Krieg gegeben hatte.

Vielleicht konnten wir ja lernen, wie man den Krieg beendet

Das Schönste daran, dass es mit dem Krieg besser wurde, war die Schule. Mama und einige ihrer Freundinnen beschlossen, in unserem Viertel für alle Kinder eine Schule zu eröffnen. In Ost-Aleppo gab es keine mehr, weil das Regime alle Schulgebäude bombardiert hatte. Viele Kinder waren auf ihren Schulbänken gestorben, während sie einfach nur lernen wollten. Mama fand es schlimm, dass wir keinen Ort zum Lernen und den ganzen Tag nichts zu tun hatten. Sie spricht oft davon, wie wichtig Bildung ist und dass alle Kinder in die Schule gehen sollten, damit sie etwas lernen und später einmal anderen Menschen helfen können, damit es Ärzte und Lehrer und Rechtsanwälte wie Baba gibt, die Syrien stark machen. Vielleicht konnten wir ja lernen, wie man den Krieg beendet.

Mama und ihre Freundinnen baten Nachbarn um Papier und Bücher und was sie sonst noch entbehren konnten. In unserem Viertel gab es auch Menschen, die sich zusammentaten, um anderen zu helfen, und sie unterstützten uns dabei, Schulmaterialien zu beschaffen.

Die Schule fand jetzt in dem Keller eines Mehrfamilienhauses am anderen Ende unserer Straße statt, das leer stand, weil sämtliche Bewohner weggezogen waren. Mama sagte, unsere Schule müsse geheim bleiben, damit sie nicht bombardiert werden würde.

Nur ungefähr hundert Kinder kamen täglich zum Unterricht. Es hätten mehr sein können, aber manche Eltern hatten immer noch zu viel Angst, ihre Kinder auf die Straße zu schicken, auch wenn die Bombenangriffe nachgelassen hatten. Wie ich schon sagte, es ist schwer, seine Angst abzuschütteln. Außerdem waren viele nicht mehr da – sie waren entweder weggegangen oder umgekommen.

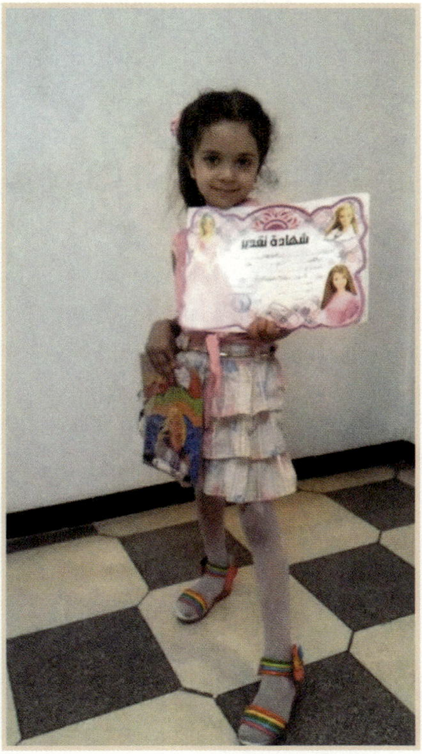

Wir saßen im Keller auf dem Boden, da war es ein bisschen staubig und dunkel wie in unserem Keller zu Hause, aber das störte mich nicht, weil Schule war. Es gab drei verschiedene Gruppen: eine für Kleinkinder wie Mohammed und Nour, eine für größere Kinder wie mich und dann noch eine für ältere Kinder. Meine Mama unterrichtete die älteren Kinder, die

Mathematik und Aufsätze schreiben lernten. Meine Lehrerin hieß Farah, und sie brachte uns viele interessante Dinge bei, zum Beispiel wie aus Eiern Küken werden, wie man unsere Namen auf Arabisch und Englisch schreibt und welche Funktionen die verschiedenen Körperteile haben. Der Unterricht fand dreimal pro Woche statt, und das waren immer die drei besten Tage der Woche.

Mama ging auch drei Tage pro Woche zur Schule, so wie ich. Es war nicht dasselbe wie ihre Kurse an der Universität, aber sie und ihre Freundinnen hatten eine Schule, wo sie Englisch lernen und anwenden konnten. Auch zu Hause übte Mama mit mir Englisch. Es macht Spaß, unterschiedliche Sprachen zu lernen und zu erfahren, dass es viele verschiedene Wörter für dieselbe Sache gibt. Wir in Syrien sprechen Arabisch, und wenn man jemanden kennenlernt, sagt man: „Marhaba." Auf Englisch hingegen sagt man: „Hi, it's nice to meet you." Oder das arabische *baskuit* heißt auf Englisch „cookie", und *damiya* heißt „doll". Man muss ein gutes Gedächtnis haben, um sich für jedes Ding zwei Bezeichnungen zu merken. Und man muss viel üben, sonst vergisst man die Wörter wieder. Deshalb wollten Mama und ich in die Schule gehen – damit wir üben konnten und klug wurden.

„Wie war euer Tag, Kleines?"

Als es für Mama und mich die Schule gab und Baba wieder zur Arbeit ging, war es fast wie früher, nur dass Nour und Mohammed und ich nicht mehr zu Nana Samar konnten, weil sie inzwischen in der Türkei wohnte. Aber ich war jetzt schon groß und konnte auf Nour und Mohammed aufpassen, wenn Mama und Baba nicht zu Hause waren. Dann hielt ich für meine Brüder Unterricht und war ihre Lehrerin. Ich versuchte, Nour das Sprechen beizubringen, weil er noch nichts sagen konnte. Mama meinte, das käme daher, weil er sich wegen der Bombenangriffe fürchtete, obwohl sie inzwischen weniger geworden waren. Wenn man die ganze Zeit Angst hat, macht der Körper manchmal etwas anderes als das, was der Verstand will – zum Beispiel nicht mehr reden oder in die Hose pinkeln oder schlecht träumen oder zu zittern anfangen. All das ist uns passiert.

Ich brachte Mohammed die Farben und das Zählen bei, aber manchmal hörte er nicht zu und wollte lieber mit Lastwagen spielen, was mich ärgerte. Hin und wieder ging ich mit den beiden hinauf auf unser Dach, wo wir einen Garten hatten, obwohl ich das eigentlich gar nicht durfte. Aber da oben war viel Platz, und wir

konnten umherlaufen und uns im Kreis drehen, bis uns schwindlig wurde, das machten wir so gerne. Manchmal kam Yasmin mit, und wir nahmen unsere Springseile mit aufs Dach und übten.

Eines Tages dachte ich mir eine Überraschung für Baba aus: Ich wollte ihn mit Nour und Mohammed besuchen. Sein Büro lag nur ein Stück die Straße runter. Eigentlich durften wir das Haus nicht verlassen, aber ich dachte, Baba würde sich über die Überraschung freuen und nicht böse sein. Draußen merkte ich, dass meine Brüder ein bisschen nervös wurden. Es war ein guter Tag – bis jetzt nur eine oder zwei Bomben weit weg –, deshalb beruhigte ich sie und meinte, sie müssten sich keine Sorgen machen. Doch als wir ein paar Schritte gegangen waren, rumpelte es am Himmel, und Nour bekam Angst und machte sich in die Hose. Und dann fing er fürchterlich an zu weinen. Ich sagte ihm, das mache doch nichts, aber so konnten wir nicht zu Baba gehen.

Ich musste ihn also nach Hause bringen und baden. Seine Hose wusch ich im Waschbecken aus, damit Mama nichts mitkriegte. Als sie nach Hause kam, fragte sie: „Wie war euer Tag, Kleines?“ Von meiner Überraschung für Baba erzählte ich ihr nichts.

Hoffnung ist das Gefühl, dass die Welt schön ist

Als der Krieg sich entfernte, schöpften wir Hoffnung. Hoffnung ist das Gefühl, dass die Welt schön ist und man alles schaffen kann. Man ist zuversichtlich, dass man all das Schwere übersteht, weil bald wieder bessere Zeiten kommen werden. Wenn man also Hoffnung hat, kann man immer noch ein kleines bisschen glücklich sein, auch wenn Dinge passieren, die einem nicht gefallen, weil man denkt, dass es besser wird. Ohne Hoffnung ist es, als würde man nur darauf warten, dass ein Unheil geschieht, oder als wäre man überzeugt davon, dass es immer schrecklich bleiben wird, und das macht alles nur noch schlimmer. Deshalb sollte man immer versuchen, sich die Hoffnung zu bewahren.

Andererseits kann es auch schwer sein, wenn man glaubt, dass alles gut wird, und dann kommt es nicht so. Ich hatte gehofft, dass die Bombenangriffe endgültig aufgehört hätten. Aber so war es nicht. Und all meine Hoffnung, dass der Krieg vorbei wäre, war umsonst. Im Gegenteil, es wurde schlimmer als je zuvor.

Nur Bomben, Bomben, Bomben

Wie auf Knopfdruck setzte der Bombenregen wieder ein, und jeder Tag war nun wieder ein schlimmer Tag. Ich konnte nicht verstehen, was da passierte. Die ganze Zeit war der Himmel voller Flugzeuge, die unentwegt Bomben abwarfen. Es war überhaupt nie mehr still. Ich vergaß sogar, wie sich Stille anhörte.

Mama und ich wollten die Schule nicht aufgeben, auch wenn täglich weniger Kinder kamen, weil die Menschen sich nicht mehr vor die Tür wagten.

Einmal waren wir nur ungefähr fünfzehn Kinder und eifrig beim Lernen, als wir in der Ferne Kampfflugzeuge hörten. Mama und Farah beschlossen, dass wir alle heimgehen sollten – hier war es zu gefährlich. Ich war traurig, dass der Unterricht schon so früh zu Ende war, aber Mama meinte, wir könnten zu Hause weiterüben.

Hastig machten wir uns auf den Heimweg, weil jeden Augenblick eine Bombe einschlagen konnte. Waren die Bomber im Anflug, konnte man nur bis drei, höchstens fünf zählen, bevor es ***BUMM!*** machte, und wenn man sich gerade auf der Straße befand, blieb nicht viel Zeit, um in Deckung zu gehen. Bevor wir unser Haus erreichten, gab es einen mächtigen Knall – je lauter der Knall, desto näher die Bombe. Diese war sehr nahe. Den Rest des Weges rannten wir, um rechtzeitig in den Keller zu kommen.

Mamas Handy klingelte. Baba war dran. Ich hörte ihn durch das Telefon brüllen: „*Wo seid ihr? Geht es euch gut? Habt ihr gehört, was passiert ist?*“ Er ließ ihr zwischen den Fragen nicht mal Zeit, um zu antworten.

„Alles gut, Ghassan. Wir sind zu Hause. Was ist passiert?“

„Oh, Gott sei Dank“, sagte Baba. „Sie haben die Schule bombardiert!“ Er war gerade auf dem Markt, als er die riesige Rauchwolke sah. Es hieß, unsere Schule sei bombardiert worden und sie müssten loslaufen, um den Kindern zu helfen. Aber wir waren alle schon weg.

Baba schickte Allah tausend Dankgebete dafür, dass wir am Leben waren. Ich hingegen war traurig. Nicht so traurig, wie wenn jemand gestorben wäre, aber trotzdem, ich würde meine Schule vermissen. Jetzt konnte ich nicht mehr hingehen. Ich spürte, dass alles wieder so werden würde wie früher. Keine Schule, keine Arbeit, kein Einkaufen, kein Rausgehen – nur Bomben, Bomben, Bomben.

Wie fühlt es sich an zu sterben?

Dann kam ein ganz schrecklicher Tag, den ich am liebsten vergessen würde.

Ich wachte auf, weil es rumpelte wie bei einem Erdbeben, und gleich darauf hörte ich ein lautes Krachen. Das Geräusch und das Beben waren so stark, dass es sich anfühlte, als würde es mir die Knochen brechen. Wenn die Bomben so direkt auf einen drauffallen, hört man überhaupt nichts mehr. Es ist wie der ganze Lärm der Welt auf einmal, aber gleichzeitig so, als würde einem jemand ein Kissen auf den Kopf pressen. Alles zittert, man spürt es in den Knochen und im Bauch – und sogar in den Zähnen. Und die Luft drückt so stark herab, als wollte sie einen in den Boden quetschen.

Ich schrie nach Mama.

Draußen schien es Nacht geworden zu sein, obwohl es noch früh am Morgen war. Es lag so viel Staub in der Luft. Durch den ganzen Rauch konnte ich ein helles Licht erkennen – das Haus gegenüber stand in Flammen. Ich sah aus dem Balkonfenster – nur, dass wir keinen Balkon mehr hatten, er war nämlich in die Luft geflogen. Überall lagen die Scherben der gläsernen Balkontür.

Baba schnappte sich Nour und Mohammed, Mama packte meine Hand, und wir rannten so schnell wir konnten in den Keller. Die Eingangstür zu unserer Wohnung war aufgesprengt und aus den Angeln gerissen.

Auch im Keller spürten wir das Beben und hörten die Bomben. Stumm fingen wir an zu beten. Wann immer wir im Keller saßen, murmelten wir unentwegt „Ya latif". Wir baten Gott um Erbarmen.

Ich hatte solche Angst, dass das Haus über uns einstürzen könnte und wir unter den Trümmern begraben würden. Ich versuchte, es mir vorzustellen. Wie fühlt es sich an zu sterben?

Endlich schien der Angriff vorüber zu sein, und Baba sagte, er würde erst mal alleine raufgehen, um nachzusehen, ob alles sicher wäre. Nach ein paar Minuten rief er uns zu sich, aber seine Stimme klang merkwürdig.

Oben erwartete uns ein schrecklicher Anblick. Es sah aus, als hätte jemand mit einem Hammer unsere Straße kurz und klein geschlagen. Ich konnte es kaum fassen, aber das Haus nebenan war vollkommen zerschmettert, so als hätte es nie existiert. Ein Teil davon war auf unser Haus gestürzt und hatte das Stockwerk über uns zertrümmert, wo Onkel Masen wohnte. Unser Balkon war auf unser Auto gefallen und hatte es unter sich begraben, sodass wir es kaum noch erkennen konnten. Aber wir brauchten wohl sowieso kein Auto mehr, es gab ja kaum noch Straßen, auf denen man fahren, und kaum noch Ziele, die man ansteuern konnte.

Man hörte viele Menschen schreien und weinen. Nach einem solchen Bombeneinschlag versuchten die Nachbarn, durch Zurufe herauszufinden, ob jemand vermisst wurde. Sie riefen Baba zu: „Ghassan, geht es deiner Familie gut?"

„Wir sind alle wohlauf!", brüllte Baba zurück. Und dann machten sich jene Familien, die den Angriff heil überstanden hatten, daran, den anderen zu helfen. Wenn Menschen verletzt oder unter Trümmern verschüttet sind, zählt jede Minute.

Eine Person jammerte lauter als alle anderen. Es war Yasmins Mama. „Nein, nein, nein, nein!", schrie sie. Ich bekam ein flaues Gefühl im Magen. Yasmin und ihre Mama wohnten in dem Haus, das nicht mehr da war.

Mama und ich rannten zusammen mit anderen Nachbarn hinüber. Das schwarze Haar von Yasmins Mama war vollkommen weiß, wie bei einer alten Frau. Nur auf ihren Wangen lag kein Staub, dort, wo ihr die Tränen übers Gesicht liefen.

Weitere Helfer kamen hinzu, um mit anzupacken. Da es in Ost-Aleppo keine Sanitäter und keine Polizei mehr gab, hatten sich Freiwillige zu einer Gruppe zusammengetan, um Hilfe zu leisten, wenn Menschen nach Bombenangriffen verletzt oder in den Trümmern verschüttet waren. Oder sie versuchten, Schnittwunden und Knochenbrüche zu verarzten. Es war sehr gefährlich für sie, weil das Regime etwas gegen Leute hatte, die andere unterstützten. Wenn die Freiwilligen nach einem Bombenangriff eintrafen, kehrten die Kampfflugzeuge manchmal zurück, um sie auch noch zu bombardieren.

Alle machten sich eilig ans Graben und gaben den anderen durch Zurufe Bescheid, wenn sie einen Verschütteten herausholten. Schließlich zog einer der Männer einen Körper aus den Steinen, und da schrie Yasmins

Mama noch lauter. Es war Yasmin. Sie war so schlaff, als schlafe sie, und voller Blut und Staub. Ich stand da wie gelähmt und konnte kaum atmen, so sehr erschreckte mich der Anblick meiner Freundin. Sie nahmen sie in einem zum Krankenwagen umfunktionierten Lastwagen mit. Ich betete inständig, dass sie wieder gesund werden würde. Mama drückte mich fest an sich und sagte: „Komm, Bon Bon, gehen wir nach Hause." Den Rest des Tages konnte ich nicht spielen – ich sah immer nur Yasmin vor mir, und all das Blut an ihr.

Am Abend, als wir immer noch unsere Wohnung in Ordnung zu bringen versuchten, hörten wir draußen lautes Wehklagen und Beten. Unsere Straße war voller Menschen, die Tote zur Moschee trugen, um für sie zu beten. Das spielte sich nach einem großen Angriff immer so ab. Man sprach das Totengebet, und anschließend begrub man die Toten auf dem Friedhof, aber wegen des Krieges waren die Friedhöfe so überfüllt, dass man auch in den Parks Menschen beerdigte.

An diesem Tag fragte ich Mama viele Male, ob es Yasmin gut gehe. Mama sagte, dass man sie zum Arzt gebracht habe und dass wir viel beten müssten. In der Nacht sah und hörte ich Yasmins Mama draußen weinen.

Am nächsten Tag traf ich sie auf der Straße, und sie war immer noch in Tränen aufgelöst.

„Yasmin ist nicht mehr bei uns, Bana", sagte sie. Ich wusste, was sie meinte. Yasmin war tot.

Ich würde nie wieder mit ihr spielen können

Nach Yasmins Tod hatte ich noch größere Angst zu sterben. Ich malte mir die ganze Zeit aus, wie es sich wohl anfühlte.

Ich machte mir auch Sorgen, dass meine Brüder und meine Eltern sterben könnten. Manchmal dachte ich darüber nach, was am schlimmsten wäre. Wenn Mama sterben würde? Oder Baba? Oder meine Brüder? Am besten wäre es, wir würden alle zusammen sterben. Dann würde keiner den anderen vermissen müssen.

Mama sagt, dass Gott einen liebt und beschützt, wenn man lieb und brav ist, und dass man dann einmal in den Himmel kommt. Im Himmel gibt es viele Süßigkeiten und Spiele – es ist ein schöner Ort, und man darf für immer bleiben. Ich hoffe, Yasmin ist dort glücklich.

Meine Freundin fehlte mir aber sehr. Es ist anders, jemanden zu vermissen, der noch lebt, als jemanden, der schon tot ist. Ich vermisste meine Großeltern und Onkel, die weggezogen waren, aber sie lebten noch, und wenn wir uns über WhatsApp und am Telefon unterhielten, ließ meine Sehnsucht nach. Aber die Art, wie ich Yasmin vermisste, war anders. Ich hatte das Gefühl, als würde ich innerlich eingehen. Ich konnte nicht mit ihr reden. Wir würden uns nie wieder mit unseren Lieblings-Prinzessinnenkleidern verkleiden. Yasmins Lieblingskleider lagen bestimmt immer noch unter den Trümmern.

Als mein Geburtstag näher rückte, freute ich mich nicht so darauf wie sonst. Es war einen Monat nach Yasmins Tod, und sie konnte nicht zu mir rüberkommen und mit mir feiern, dass ich jetzt sieben war. Bisher war sie immer zu meinem Geburtstag gekommen.

Mama und Baba versuchten, den Tag festlich zu gestalten, auch wenn es zu gefährlich gewesen wäre, Gäste einzuladen, und wir im Keller bleiben mussten, weil die ganze Nacht Bombardierungen stattgefunden hatten. Auf den Märkten gab es nicht viel zu kaufen, deshalb bekam ich keinen Kuchen. Aber unsere ganze Familie war vereint, und das ist immer schön. Onkel Wesam schenkte mir eine hübsche neue Puppe. Sie war vom ersten Augenblick an meine Lieblingspuppe. Sie hatte einen rosa Hut und rosa Stiefel, wie die, die ich das Jahr zuvor zu Eid bekommen hatte. Normalerweise gab ich meinen Puppen keine Namen, aber dieser schon. Ich beschloss, sie Yasmin zu nennen.

Ich bekam noch ein anderes, ganz besonderes Geschenk: ein eigenes iPad. Es war schon gebraucht, aber das störte mich nicht. Für Baba war es nicht leicht gewesen, mitten im Krieg dieses außergewöhnliche Geschenk zu besorgen, weil es in den Geschäften kaum neue Sachen zu kaufen gab. Aber er wollte mir eben eine Freude machen, weil doch mein Geburtstag war. Mit meinem neuen iPad konnte ich fernsehen und

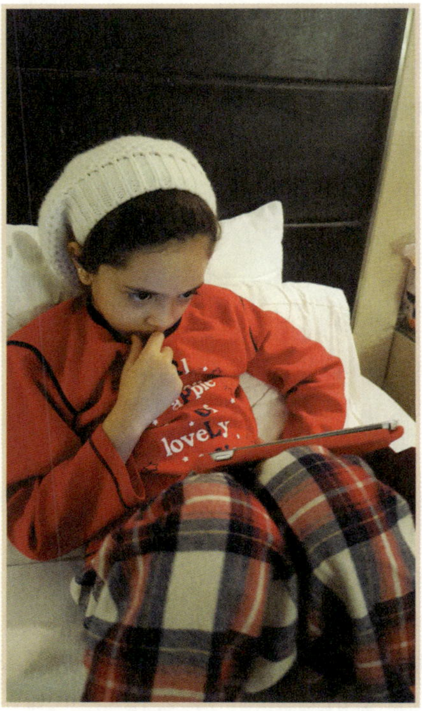

lesen, was gut war, weil wir kaum noch Gelegenheit hatten, rauszugehen. Ich nahm ständig Mamas Handy, um mit meinen Onkeln, Cousins und Cousinen zu whatsappen, weil ich sie so vermisste. Jetzt konnte ich das mit meinem iPad erledigen. Ich konnte meine Lieblings-Zeichentrickserien gucken und Bücher lesen und versuchen, meine quälenden Gefühle zu vergessen. Manchmal funktionierte es, manchmal nicht.

Auch wenn ich keine Kerzen zum Ausblasen hatte, wünschte ich mir etwas ganz fest: dass niemand mehr sterben würde.

Es ist ein Wunder, dass du am Leben bist, Bana. Davon bin ich aus tiefstem Herzen überzeugt. Dass alle meine drei Kinder und mein Mann sechs Jahre Krieg überlebt haben, erfüllt mich mit mehr als überwältigender Dankbarkeit: Es erfüllt mich mit Ehrfurcht. Eigentlich kommt es mir unmöglich – oder gar ungerecht – vor, dass wir solches Glück haben sollen. Ist es nicht komisch, dass wir uns nach allem, was wir durchgemacht und verloren haben, immer noch glücklich schätzen? Aber wir hatten wirklich Glück. Und ich bin der größte Glückspilz von allen, weil meine Kinder am Leben und jetzt in Sicherheit sind. Bei vielen Tausend anderen Müttern ist das nicht so.

Einer der schlimmsten Aspekte von Krieg ist, wie schnell man sich an die Gewalt und den Tod ringsum gewöhnt. In langen Phasen, in denen täglich Hunderte Menschen in Aleppo starben, war es ein immer wiederkehrendes trauriges Ritual, vom Tod eines Freundes, eines Nachbarn, eines Cousins zu erfahren, der bei einem Bombenangriff ums Leben gekommen war. Die

Todesnachrichten wurden zu einer Art morbider Routine – man akzeptierte den Tod irgendwann als etwas Alltägliches –, und man konnte nur weitermachen, wenn man sich eine gewisse Taubheit zulegte.

Es war Segen und Fluch zugleich, gegen die Gräuel abzustumpfen. Aber so abgehärtet man gegen das allgegenwärtige Leid auch zu sein glaubte, manchmal geschah etwas, das den Schutzwall durchbrach und einen im Innersten erschütterte. Das war bei Yasmins Tod der Fall. Ihr beide wart so enge Freundinnen – wie Schwestern. Der Ausdruck auf dem Gesicht von Yasmins Mutter an jenem Tag wird mich auf ewig verfolgen. Man weiß nicht, was echter Schmerz ist, bis man in die Augen einer Mutter blickt, die ihr Kind verloren hat. Ihr Schmerz schien fast körperlich zu sein, als wäre ihre Verzweiflung ein schwerer Stein, der sich aus den Trümmern gelöst und auf ihren Rücken gelegt hatte und sie mit seinem Gewicht niederdrückte. Ach, wenn es doch nur eine körperliche Last gewesen wäre, dann hätte ich ihr helfen können, die Bürde zu tragen; ich hätte den Stein von ihrem Rücken nehmen können. Aber es gab so wenig, was ich tun konnte, um es ihr leichter zu machen. Ich wusste genau, was sie an jenem Tag gedacht hatte, als sie Yasmin aus den Trümmern gruben, weil ich genau dasselbe gedacht hätte: Wenn es doch mich getroffen hätte. Und: Wie soll ich jetzt weiterleben? Und trotzdem schaffen wir es irgendwie.

Es gibt noch eine Geschichte, die mich verfolgt, sie handelt von einer Frau aus unserer Straße, die ich über Seham kannte. Eines Abends brachte sie ihre vier Kinder ins Bett, wie ich es immer mit euch dreien machte. Wie du und deine Brüder hatten auch ihre Kleinen im Krieg Angst, allein zu schlafen, deshalb legte sie alle zusammen in ein Bett, und zwar an dem sichersten Ort, der ihr einfiel, auf einer Matratze mitten in ihrer Wohnung, weit weg von den Fenstern. Als jedoch eine Bombe das Nachbarhaus traf, war die Erschütterung so stark, dass eine Wand ihrer Wohnung einstürzte und ihre schlafenden Lieblinge unter sich begrub. Von einem Augenblick auf den anderen waren all ihre Kinder tot. So unvorstellbar das ist, es ist tatsächlich passiert. Von den vielen schlimmen Geschichten verfolgt mich diese am hartnäckigsten, ich habe bis heute Albträume davon. Ich träume, dass ich auf die zerschundenen Körper meiner zerschmetterten Kinder blicke und verzweifelt versuche, euch aus einem Berg von Trümmern zu retten. Wenn ich aufwache, steht mir kalter Schweiß auf der Stirn, und ich renne in euer Zimmer. Ihr drei schlaft immer noch am liebsten in einem Bett, aneinandergekuschelt wie ein Wurf Hundewelpen. Dann stehe ich da und sehe euch beim Schlafen zu, atme im Rhythmus eurer Atemzüge, bis sich mein Herzschlag wieder normalisiert. Und ich bete für diese Mutter, dafür, dass sie, wo auch immer sie sein mag, eine Art Frieden gefunden hat, einen Weg, weiterzumachen.

Der Gedanke an sie und Yasmins Mutter und all die Menschen, die in den letzten sechs Jahren in unserem Heimatland gestorben sind und noch sterben – Hunderttausende unserer Freunde und Nachbarn und syrischen Landsleute –, ist mir unerträglich. So viele Mütter, Schwestern, Söhne, Kinder – so viele Kinder – tot und begraben. Und wenn ich daran denke, wie qualvoll und brutal sie starben – jene Kinder zum Beispiel, die beim Einsatz von Chemiewaffen besonders elend zugrunde gingen –, frage ich mich: Wie konnten wir das nur zulassen?

Und jeden Tag werden es mehr: Menschen sterben durch Gewalteinwirkung oder aufgrund von Mangelernährung und Krankheiten in Flüchtlingslagern, oder sie kommen um bei dem verzweifelten Versuch, über die Wüste oder das Meer zu fliehen. Wie der kleine Alan Kurdi, dessen Foto, wie er tot am Strand lag, um die Welt ging. Er war genauso alt wie Nour; es hätte Nour sein können. All diese Toten, all das Elend, und so sinnlos.

Ich sage deinem Vater, wie schuldig ich mich fühle, weil wir solches Glück haben, weil wir verschont wurden. Wir haben nichts getan, um das Leben zu verdienen, und unsere syrischen Landsleute haben nichts getan, um den Tod zu verdienen. Diese Erkenntnis ist so grausam, dass ich daran zerbrechen könnte, wenn ich es zuließe.

Ach Bana, zu meinen schwersten Aufgaben als Mutter zählte es, dir den Tod zu erklären. Vor dem Krieg warst du mit dem Tod nicht in Berührung gekommen, und dann war er auf einmal überall um dich herum. Als Yasmin starb, sah ich die Angst und Trauer in deinen Augen, und ich konnte nichts tun, um dir den Schmerz zu nehmen. An jenem Tag hat sich etwas in dir verändert – du hast deine Unschuld verloren. Mit jenem Tag war deine Kindheit zu Ende.

In Syrien gibt es keine Kinder mehr. Ihr wurdet gezwungen, erwachsen zu werden – das Töten zu verstehen, Angst und Hunger und Schmerz in einem Ausmaß zu erfahren, vor dem man alle Kinder bewahren sollte. Doch dieser Luxus war uns verwehrt.

Auch in mir hat sich seit Yasmins Tod etwas verändert, und seit den grausamen Monaten danach, als sich der Belagerungsring um uns schloss. Ich war nicht nur erschüttert und todtraurig, sondern wurde außerdem wütend – wütend darüber, dass wir das alles ertragen mussten, während die Welt zusah. Wütend darüber, dass es nicht in meiner Macht lag, meine Kinder zu beschützen. Wütend darüber, dass es eine Welt gibt, in der Bomben und das Töten von Kindern toleriert werden. Wütend darüber, dass ich dich dazu erzogen habe, großzügig und gerecht und gütig zu sein, nur um dich dann einer Welt auszusetzen, die nichts davon ist.

Je verzweifelter die Lage wurde, desto verzweifelter wurden deine Fragen: Wissen die Menschen, dass das mit uns passiert? Kümmert es überhaupt jemanden?

Warum werfen sie ständig Bomben auf uns ab? Warum hören sie nicht auf? Warum können wir keinen Frieden haben?

Am wütendsten war ich darüber, dass ich diese Fragen nicht beantworten konnte.

Und dass du, ein siebenjähriges Mädchen, sie stellen musstest.

„Ich fasse es nicht, dass sie so grausam sind"

Es war Ramadan, und die Kampfflugzeuge kamen absichtlich bei Sonnenuntergang, zur Zeit des Iftar, des Fastenbrechens, wenn man mit der Familie ein großes Mahl zu sich nimmt, nachdem man den ganzen Tag nichts gegessen hat. Die Flugzeuge bombardierten uns genau dann, damit die Menschen weder Essen kochen noch in die Moschee gehen konnten, um die Fastengebete zu verrichten. Das war ganz besonders niederträchtig. Großmutter Alabed sagte: „Ich fasse es nicht, dass sie so grausam sind."

Sie und Großvater Alabed waren aus der Türkei zurückgekehrt. Sie hatten uns, als sich die Lage entspannt hatte, für ein paar Monate besucht, weil sie Baba und ihre anderen Kinder und Enkel so sehr vermissten. Dann wurde es wieder schlimmer, und nun saßen sie fest, da es immer schwieriger wurde, Syrien zu verlassen. Großmutter Alabed war stets am falschen Ort.

Eines Abends, als der Ramadan fast vorüber war, unterhielten sich Mama und Baba und der Rest der Familie mit ernsten Stimmen. In Ost-Aleppo sprachen alle davon, dass uns die Regierungsarmee einkesseln würde, um die Freie Syrische Armee endgültig zum Aufgeben zu zwingen. Keiner dürfe mehr nach Ost-Aleppo kommen, um Medizin, Nahrung, Kleider oder irgendetwas anderes zu bringen. Und es dürfte auch keiner mehr raus. Wir wären eingeschlossen. Das ist *hisar*. Ein Belagerungszustand.

Baba und Mama sagten, wir müssten uns darauf vorbereiten, und zwar schnell. Wir würden uns von allem, was wir brauchten, Vorräte anlegen müssen, damit uns nichts ausging. Und wir mussten uns beeilen, bevor es in den Geschäften nichts mehr gab. Baba machte sich ganz früh am nächsten Morgen auf den Weg und kaufte Vorräte – eine Menge Medikamente in der Apotheke und große Säcke Lebensmittel, die nicht verdarben und sich mit Wasser zubereiten ließen, wie Reis und Nudeln und Trockensuppe. Ich sehnte mich schon jetzt nach Pommes und Pizza. Aber Mama meinte, wir hätten Glück, viele Menschen könnten sich nämlich gar kein Essen mehr leisten, weil im Krieg alles so teuer geworden war. Ich fragte mich, was passieren würde, wenn wir unsere gesamten Lebensmittel aufgegessen hätten und keine neuen kaufen könnten. Wir mussten uns alles gut einteilen und durften immer nur wenig davon essen, selbst wenn wir hungrig waren.

Baba besorgte auch so viel Benzin wie möglich für den Generator. Wir brauchten ihn, um Wasser aus dem Brunnen zu pumpen. Der Tank auf unserem Dach sollte immer möglichst voll sein. Baba und meine Onkel stiegen mitten in der Nacht hinauf und füllten ihn, wenn die Angriffe unterbrochen wurden, denn tagsüber schickte das Regime Flugzeuge aus, um sämtliche Häuser zu fotografieren, und Baba wollte nicht, dass die Armee eine Aufnahme von ihm auf dem Dach machte.

Dank unserer Solarpaneele konnten wir unsere Handys und mein iPad laden und hatten Licht, da war ich froh. Ohne mein iPad wäre der Krieg noch viel schlimmer gewesen.

Wir bereiteten uns so sorgfältig wie möglich vor, und das war auch gut so, denn am Ende des Ramadan, zwei Tage nach Eid al-Fitr, kesselten die Panzer der Regierung Ost-Aleppo ein.

Die Belagerung hatte begonnen.

Wir machten uns gegenseitig Hoffnung

Wir wussten nicht, ob die Belagerung jemals aufhören würde, und das machte uns Angst. Wenn wir nie wieder Essen und Medizin besorgen konnten, würden wir verhungern oder krank werden und sterben. Darauf legte es das Regime an. Aber die Freie Syrische Armee kämpfte in ganz Ost-Aleppo, um eine Bresche in den Belagerungsring zu schlagen, damit Menschen und Dinge diesen Teil der Stadt verlassen konnten.

Tag und Nacht hörten wir Kämpfe. Schreie und Geschütze und Helikopter und Flugzeuge. Der Krieg ist sehr laut. Ich hatte ständig Kopfschmerzen.

Wir konnten nichts tun, außer warten und hoffen und uns von Reis und Nudeln ernähren. Um Wasser zu sparen, nahmen wir nur einmal pro Woche ein Bad.

Viermal die Woche verteilte das Local Council of East Aleppo Brot. Das war eine Gruppe von Freiwilligen, die den Menschen in Ost-Aleppo halfen, seitdem wir von West-Aleppo abgeschnitten waren. Baba half manchmal mit. Sie hatten eine Liste sämtlicher Familien in jedem Viertel, und man erhielt ein Stück Brot pro Person.

Sobald die Regierung jedoch davon erfuhr, dass die Menschen um Brot anstanden, fing sie an, die Warteschlangen zu bombardieren. Daraufhin wurde das Brot an wechselnden Orten verteilt, die geheim gehalten wurden, damit die Regierung es nicht vorher mitbekam.

Wir in Ost-Aleppo versuchten, uns gegenseitig zu helfen. Wir teilten, was wir konnten – wir teilten uns die Generatoren, damit jeder abwechselnd mit Strom versorgt wurde, um die Handys zu laden oder fernzusehen oder Licht zu haben. Oder wenn jemand verletzt wurde, teilten wir Verbandsmaterial und Medikamente.

Auch in meiner Familie unterstützten wir uns gegenseitig. Ich fand es schön, dass meine Onkel und Tanten und Cousins und Cousinen im selben Haus wohnten und wir alle zusammen sein konnten. Manchmal tröstete Baba Onkel Wesam, und Tante Fatimah tröstete Mama, so wie ich Nour tröstete. Wir machten uns gegenseitig Hoffnung.

Ich betete, dass der Plan funktionierte

Nach drei Wochen Belagerungszustand schmiedete die Freie Syrische Armee einen Plan, um zurückzuschlagen, und alle beteiligten sich daran. Eines Nachts war die Luft von einem scheußlichen Gestank erfüllt – brennendes Gummi. Der Geruch stach in der Nase. Die Menschen hatten auf den Straßen Reifen in Brand gesetzt. Der Plan sah vor, dass wir eine große, dicke Rauchwolke über Ost-Aleppo erzeugen sollten, damit die Kampfflugzeuge uns nicht sehen und keine Bomben gezielt abwerfen konnten, und diese Gelegenheit sollte die Freie Syrische Armee dazu nutzen, um die Belagerung zu durchbrechen. Es war eine clevere Idee, sich auf diese Art zu verbergen, aber die Luft wurde ganz rauchig und roch so schlecht, und meine Augen tränten die ganze Zeit.

Jeder machte sich daran, auf der Straße Gegenstände zu verbrennen – erst Reifen, dann Müll und alles, was sich finden ließ. Ich wollte auch mithelfen, aber Mama erlaubte es nicht und sagte, ich könne vom Fenster aus zusehen. Obwohl in unserer Straße nur noch wenige Familien übrig waren – alle anderen waren weggegangen oder getötet worden –, hatten sich draußen viele Menschen versammelt, mehr denn je seit Beginn der Bombenangriffe. Ich betete, dass der Plan funktionierte.

An den scheußlichen Geruch konnte ich mich allerdings nicht gewöhnen, nicht nach einem, nicht nach zwei und auch nicht nach drei Tagen. Die Luft stank immer schlimmer, und vom Rauch mussten wir husten. Alles war schwarz und grau. Aber das war schon in Ordnung, weil es nämlich funktionierte! Nach einer Woche Kampf gelang der Freien Syrischen Armee der Durchbruch, und die Belagerung war gebrochen. Wir hatten es geschafft!

Jedermann in Ost-Aleppo war überglücklich und stolz – die Menschen liefen auf die Straße, umarmten einander und jubelten. In ganz Ost-Aleppo schallten von den Minaretten die Eid-Gebete, um den Menschen Mut zu machen. Obwohl gar nicht Eid war, spielten die Moscheen die Festgebete über die Lautsprecher ab, aus denen normalerweise der Gebetsruf ertönte.

Wir waren in Jubelstimmung, weil die Freie Syrische Armee einen großen Sieg errungen hatte und sich nun alles ändern konnte. Unsere Hoffnung und unsere Gebete hatten endlich Wirkung gezeigt. Vielleicht konnten sie jetzt das Regime dazu bringen, mit dem Bombardieren aufzuhören, und der Krieg wäre zu Ende.

Noch glücklicher waren alle am nächsten Tag, als Lastwagen mit Vorräten und Nahrungsmitteln eintrafen. Es bildeten sich Warteschlangen, weil jeder etwas ergattern wollte, aber das war egal. Eier! Hühnchen! Tomaten! Wir hatten schon befürchtet, all diese Lebensmittel nie wieder zu Gesicht zu bekommen. Die Menschen lachten und überlegten, was sie zum Abendessen kochen würden. Mohammed, Nour und ich hüpften vor Freude auf und ab, als wir sahen, was Baba außerdem noch mitgebracht hatte: Äpfel und Gurken und Wassermelonen. Was für ein herrlicher Anblick. Mama sagte, sie würde uns ein Festmahl kochen – Brathähnchen. Und sie machte uns hart gekochte Eier. Mohammed, Nour und ich waren so aufgeregt darüber, Eier zu bekommen, dass wir ein Dutzend davon aßen! Ich bin froh, dass wir ein solches Festmahl veranstaltet haben, denn es war das letzte Mal, dass ich Eier, Milch, Obst oder Fleisch in Aleppo bekam.

Es fühlte sich fast so an, als wäre es wirklich

Die Regierungskräfte waren sehr stark. Nach nur zehn Tagen war der Belagerungszustand wiederhergestellt. Ich glaube, das Regime war wütend, dass die Freie Syrische Armee die Linien durchbrochen hatte, denn es bombardierte uns umso heftiger, und die Kämpfe zwischen den Armeen waren lauter, kamen näher. Wieder ergriff uns alle panische Angst, insbesondere Nour. Jedes Mal, wenn ein lautes Geräusch zu hören war, erstarrte er wie zu einer Statue und fing dann zu weinen an. Reden konnte er immer noch nicht – nur weinen, und das tat er oft.

Einmal erstarrte er nicht, als er den Lärm der Kampfflugzeuge hörte, sondern geriet dermaßen in Panik, dass er gegen eine Wand lief und sich eine Platzwunde am Kopf zuzog. Mama meinte, er müsse in ein Krankenhaus, aber es war gefährlich, in Krankenhäuser zu gehen, denn sie wurden ständig bombardiert. Kaum hatte man sie notdürftig wiederaufgebaut, kam das Regime und bombardierte sie wieder, so ging das die ganze Zeit. Was sollten wir also tun? Onkel Masen und Onkel Yaman beschlossen, mit ihm hinzufahren.

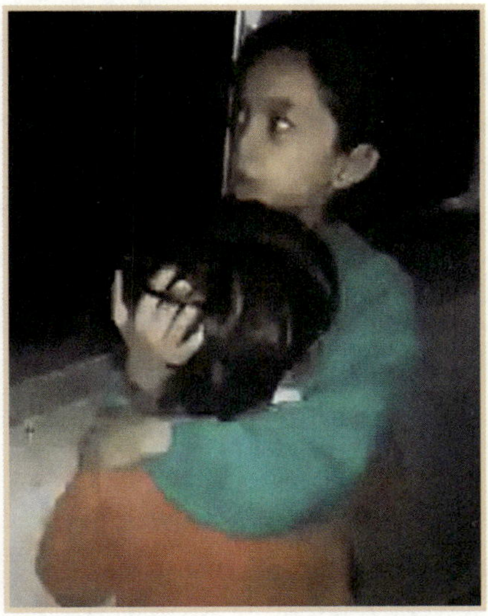

Ich umarmte Nour ganz fest, obwohl ich mich dabei mit Blut beschmierte. Ich hatte Angst um ihn, denn ich fürchtete, das Krankenhaus könnte bombardiert werden, während er dort war. Mama sagte, ich müsse ihn loslassen, damit meine Onkel mit ihm hinfahren konnten, aber auch sie war sehr in Sorge.

Fast zwei Stunden mussten wir warten, doch dann kam er wieder nach Hause, und alles war in Ordnung. Die Wunde hatte nur zwei Stiche gebraucht. Ich nahm ihn auf den Schoß und las ihm etwas vor, um ihn zu trösten.

Ich habe immer versucht, mich um Nour und Mohammed und meine kleinen Cousins und Cousinen zu kümmern, so gut ich konnte – schließlich bin ich die Älteste. Es war meine Aufgabe, sie abzulenken, wenn sie traurig waren oder Angst hatten. Manchmal war der Akku meines iPads leer, weil die Solarpaneele nicht genügend Strom lieferten, doch wenn er geladen war, ließ ich Mohammed SpongeBob gucken, soviel er wollte. Dann wieder umarmte ich meine Brüder und drückte sie an mich – besonders, wenn die Bomben schlimm waren und sie sich fürchteten – und erklärte ihnen: „Alles wird gut."

Gelegentlich erzählte ich ihnen Geschichten, zum

Beispiel die vom Wolf, der versucht, die kleinen Schafe auszutricksen. Oder ich malte ihnen aus, wie unser Leben sein würde, wenn der Krieg endlich vorbei wäre: Wir würden Süßigkeiten essen, so viel wir wollten. Und wir würden Nana Samar und Großvater Malek wiedersehen. Und all die Schulen und Parks würden wiederhergerichtet werden, und wir würden draußen spielen können. Sie sollten es sich in ihrer Fantasie vorstellen, so, als würden sie träumen, während sie wach waren. Es fühlte sich fast so an, als wäre es wirklich.

Einmal, nachdem wir wegen des Belagerungszustands lange nicht hatten rausgehen können, fiel mir etwas Geniales ein, um uns aufzuheitern! Als Erstes befestigte ich mein Springseil in einem Türdurchgang, um eine Schaukel daraus zu machen. Dann zerrte ich die Matratze von meinem Bett und lehnte sie gegen den Bettrahmen, sodass wir darauf rutschen konnten. Und schließlich nahm ich ein langes, schmales Holzbrett von dem Stapel, den wir aus Mangel an Heizöl verbrannten, um es warm zu haben, und legte es auf einen großen Haufen Kissen – schon hatten wir eine Wippe. Sie funktionierte prima! Jetzt gab es einen ganzen Spielplatz im Haus. Auch wenn es in einem richtigen Park natürlich schöner ist, hatten wir eine Menge Spaß.

Mama fand meinen Spielplatz super und sagte, ich sei ein kluges Kind. Auch sie hatte gute Ideen – zum Beispiel blies sie, sobald wir genug Wasser übrig hatten, unser Plastikplanschbecken auf, und wir konnten im Wohnzimmer schwimmen. Oder wir durften, wenn sie gewischt hatte, alles übrige Wasser verschütten, um wie auf einer Wasserrutsche über die Böden zu schlittern.

Wir mussten so schlau sein und Spiele erfinden, denn wir konnten ja nichts von dem tun, was andere Kinder machen, bei denen kein Krieg herrscht – ins Schwimmbad gehen zum Beispiel oder auf richtigen Schaukeln sitzen oder draußen Fußball spielen. Ich bemühte mich, schöne Dinge zu tun – auf dem Drinnen-Spielplatz spielen, spannende Bücher lesen, schreiben oder Lieder und Spiele erfinden, um meine Brüder und Cousinen und Cousins aufzuheitern. Wir mussten spielen, sonst hätten wir das Gefühl gehabt, als warteten wir bloß noch auf die Bomben und darauf, wer als Nächster starb.

Jeden Tag gab es weniger und weniger von allem

Die Freie Syrische Armee hatte keinen neuen Plan, und so hielt der Belagerungszustand weiter an. Als das Opferfest kam, gab es auf dem Markt keine Lebensmittel für ein Festmahl und in den Läden keine Kleidung, um sich, wie es die Tradition verlangt, neu einzukleiden. Außerdem war alles dreckig und staubig von den vielen Bomben, und es war schwer, das Haus blitzblank zu putzen. Normalerweise sind das Fest des Fastenbrechens und das Opferfest die zwei schönsten Tage des Jahres, doch diesmal machte es keinen Spaß, denn wir konnten nicht feiern, und das machte uns alle traurig. Ich war mir nicht mehr sicher, ob das überhaupt noch mein Lieblingsfeiertag war.

Ich brauchte neue Kleider, weil ich aus den alten herausgewachsen war und es allmählich kalt wurde, aber in den Läden gab es keine Mädchensachen mehr. Also musste ich Jungensachen tragen, und das regte mich furchtbar auf. Ich liebte Kleider und Rosa und all die mädchenhaften Sachen. Mama sagte: „Es geht leider nicht anders, Bana. Tut mir leid.“ Ich wollte nicht, dass sie traurig wurde, deshalb versuchte ich, die Tränen zurückzuhalten, aber diese Jungenkleidung hasste ich.

Jeden Tag gab es weniger und weniger von allem. Im Krankenhaus gingen die Medikamente aus, und man bekam kein Benzin mehr für die Autos und Generatoren. Nicht einmal Mehl war erhältlich, sodass die Menschen kein Brot backen konnten. Wir hatten Glück, dass wir uns einen Vorrat an Lebensmitteln und Benzin angelegt hatten, auch wenn ich es schrecklich fand, zum x-ten Mal Nudeln oder Reis zu essen. Ich wusste, dass andere Kinder überhaupt nichts zu essen hatten.

Baba nahm mich mit, um Samen zu besorgen, und wir legten auf unserem Dach einen kleinen Garten an. Dort wollten wir Gemüse anbauen, da man es nicht mehr kaufen konnte. Auf die Idee hatte uns Tante Zena gebracht. Zu Beginn der ersten Belagerung hatten die Menschen angefangen, Samen in Töpfe auszusäen. Tante Zena und ihre Mitbewohner teilten sich ein paar Tomatenpflanzen. Zwar konnten wir sie nicht mehr so oft besuchen, weil es zu gefährlich war, draußen herumzulaufen, aber an einem Tag, an dem nicht so viele Bomben fielen, gingen Mama und ich zu ihr, und Tante Zena hatte uns eine Tomate aufgehoben. Der Anblick dieser Frucht machte mich so glücklich – sie schien zu leuchten, als meine Tante sie aus ihrer Tasche zog. Ich hatte schon lange keine Tomate mehr gesehen. Hungrig, wie ich war, hätte ich am liebsten gleich in die saftige Tomate gebissen, aber ich steckte sie ein, um sie mit Mohammed und Nour zu teilen. Als wir nach Hause kamen, schnitt ich die Tomate in fünf gleich große Stücke, für jeden von uns eines. Ich weiß nicht, was besser war: die Tomate oder wie gern wir alle teilten, selbst wenn für jeden nur ein Bissen blieb.

Vielleicht würde jemand etwas tun, bevor es zu spät war

Ich hatte den Belagerungszustand und die Bomben so satt. Es macht schrecklich müde, ständig Angst zu haben und zu sehen, wie Menschen verletzt werden und sterben, während man gleichzeitig versucht, die Hoffnung nicht aufzugeben. Ich glaubte nicht mehr daran, dass das Leben noch einmal so glückliche Zeiten wie früher bringen würde; es wurde alles immer nur noch schlimmer.

Ich fragte Mama, ob die Leute außerhalb von Syrien und Aleppo wussten, was mit uns geschah. Warum befahl niemand dem Regime, mit dem Töten aufzuhören? Man soll doch gut sein und anderen helfen. Das jedenfalls hatten Baba und Mama uns beigebracht.

Für Krieg gibt es einfach keinen guten Grund. Es ist nicht richtig, dass so viele Männer und Frauen und Kinder sterben. Denn wenn erst alle tot sind, was dann? Was ändert sich dadurch?

Aleppo und mein Land waren früher dicht bevölkert, doch inzwischen sind viele fortgegangen, und viele sind gestorben. Ich weiß wirklich nicht, wer all die kaputten

Gebäude wiederaufbauen oder neue Schulen errichten soll. Wer wird da noch leben können?

Es ist wie damals, als ich ein paar Teile von meinem Lieblingspuzzle verloren hatte. Es gab keinen Ersatz, und darum konnte ich es nicht mehr zusammensetzen. Mir blieb nichts anderes übrig, als es wegzuwerfen und mir ein neues Puzzle zu besorgen, aber ein neues Syrien kriegen wir nicht.

Wir hatten das Gefühl, dass wir niemals aus Aleppo rauskommen würden und dazu verurteilt waren zu warten, bis eine Bombe uns treffen und wir alle umkommen würden. Ich wollte etwas unternehmen, also schrieb ich eine Nachricht auf Twitter: „Ich brauche Frieden."

Als ich diese Botschaft schrieb, befanden wir uns seit drei langen Monaten im zweiten Belagerungszustand.

Ich unterhielt mich immer über Facebook und WhatsApp mit meinen Verwandten und Freunden, die Syrien verlassen hatten, und ich wollte sie wissen lassen, was mit uns geschah – dass Yasmin gestorben und meine Schule bombardiert worden war. Mama schlug vor, Twitter zu nutzen, weil dort mehr Leute sind als auf Facebook. Sie richtete mir einen Account ein, um Nachrichten zu versenden.

Jetzt konnte ich allen erzählen, dass wir kein Essen und keine Medikamente hatten und wie schlimm die Bomben waren. Ich wusste zwar nicht, ob irgendjemand das lesen oder sich darum kümmern würde, aber ich hoffte fest, dass sie etwas unternehmen würden, um den Krieg zu beenden.

Ich habe mich immer gern mit anderen unterhalten und neue Freundschaften geschlossen, und über Twitter konnte ich mit Menschen auf der ganzen Welt Kontakt aufnehmen. Mama und ich sprachen Englisch, sodass wir uns auch an Twitter-Nutzer in Großbritannien und Amerika wenden konnten. Ich dachte, dass sie uns vielleicht helfen würden.

Sofort kamen Antworten von Erwachsenen und Kindern aus der ganzen Welt. Ich konnte kaum glauben, dass die Menschen mir zuhörten. Und sie schrieben so liebe

Sachen zurück. Mama und ich lasen ihre Nachrichten während der vielen Stunden, die wir uns im Keller verstecken mussten. Wenn ich die Mitteilungen las, bekam ich das Gefühl, dass man an unserem Schicksal teilnahm, dass wir nicht allein waren. Vielleicht würde jemand etwas tun, bevor es zu spät war.

Ich hatte Angst, dass die Leute uns nicht glauben würden

Am liebsten hätte ich jeden Tag getwittert, um den Menschen klarzumachen, wie schlimm es in Aleppo zuging, und ihnen davon zu erzählen, dass ich Angst hatte, und das war oft der Fall. Aber es machte auch Spaß, der Welt nette Dinge mitzuteilen, zum Beispiel, wie mir meine Milchzähne ausfielen.

Mama half mir dabei, es auf Englisch zu formulieren. Wir machten auch viele Fotos und Videos, damit die Welt sehen konnte, was in Syrien passierte. Ich hatte Angst, dass die Leute uns nicht glauben würden, wenn sie nicht selbst sahen, wie schlimm es war, zum Beispiel all die Leichen und die zerstörten Gebäude.

Ich versuchte, die Menschen da draußen immer zu informieren, wenn etwas Schlimmes passierte, beispielsweise das, was mit meiner Freundin Marwa geschah, die wie ich sieben Jahre alt war. An dem Tag gab es ein Geräusch wie von einem Erdbeben, aber wir hörten keine Flugzeuge. Als wir zum Fenster stürzten, sahen wir eine riesige Rauch- und Staubwolke in der Luft. Wir rannten zu dem Gebäude, wo der Rauch herkam, und es war schrecklich. Es war ein Wohnhaus wie das, in dem meine Familie wohnte. Dort lebten vier Familien. Es war eingestürzt, und all die Leute, die drin gewesen waren, lagen unter dem Schutt begraben. Die Nachbarn erklärten, zwanzig Menschen hätten in dem Haus gewohnt. Die Freiwilligen kamen und gruben den ganzen Tag und versuchten, alle rauszuholen. Sie fanden sie, aber am Leben war keiner mehr.

Wir machten uns erst auf den Heimweg, als die Sonne unterging, und Baba nahm mich mit auf den Markt. Nach dem langen Tag des Grabens und des Todes waren wir traurig, und Baba wollte versuchen, etwas aufzutreiben, was uns aufheiterte. Vielleicht gab es ja einen Leckerbissen, wobei schon seit Langem keine Süßigkeiten mehr erhältlich waren. Auf dem Markt sagten alle, dass Marwas Vater und Bruder den ganzen Tag noch nicht aufgetaucht seien. Ein anderer Mann meinte, er habe gehört, dass sie am Morgen losgezogen wären, um beim Wiederaufbau eines Gebäudes zu helfen. Es war genau das Haus, das eingestürzt war. Baba rief einige Nachbarn zusammen, und wir gingen alle zurück und begannen erneut zu suchen.

So viel Schutt! Weil es ein ganzes Gebäude war, konnten wir nicht einfach mit den Händen graben, ein Bulldozer kam uns zu Hilfe. Marwa und ihre Mama weinten sehr. Ich umarmte Marwa und versicherte ihr, dass wir sie finden würden. Wir alle beeilten uns und gruben, so schnell wir konnten. Die großen Steinbrocken konnten Marwa und ich nicht heben, aber wir packten bei den kleineren mit an. Wir gruben stundenlang; Mama ließ mich dableiben und helfen. Wir fanden jedoch nichts. Dann sagte Mama, ich müsse zu Bett gehen, könne aber am nächsten Tag mithelfen. Das tat ich auch. Und am Tag darauf wieder. Jeden Tag sagte ich Marwa, dass wir die Hoffnung nicht aufgeben dürften. Sie erwiderte, sie wolle nicht ohne ihren Baba leben. Sie vermisste ihn jetzt schon. Doch vielleicht waren sie ja gar nicht unter dem Schutt. Oder vielleicht waren sie unversehrt, obwohl sie darunter steckten.

Aber sie waren nicht unversehrt. Nach einer Woche fanden wir sie – zu spät. Wenn ein Mensch bei einem Bombenangriff umkommt, sieht die Leiche genauso kaputt aus wie ein getroffenes Gebäude, und auch so grau wie ein Gebäude. Und der Körper ist schlaff, und manchmal fehlen Teile wie ein Arm oder ein Bein oder sogar das Gesicht. Kein schöner Anblick.

Ich dachte, wenn die Menschen auf der ganzen Welt sehen würden, wie schlimm es war, und erführen, wie viele Menschen starben – in nur einer Minute wurden eine ganze Familie und Marwas Baba und Bruder ausgelöscht –, dann würden sie uns helfen.

#StandwithAleppo

Ich wurde ganz aufgeregt, als ich sah, dass mein Twitter-Feed immer mehr Follower hatte – es machte Spaß, sie zu zählen. Ich war sicher, dass all diese Leute überall auf der Welt uns helfen konnten, den Krieg zu beenden.

Mama und ich beschlossen, ein Hashtag zu setzen, um die Nachrichten aus Aleppo zu verbreiten und die Menschen dazu zu bringen, uns zu unterstützen und vielleicht zu retten. Ich setzte #StandwithAleppo in meinen Post, und das Hashtag wurde auf der ganzen Welt verwendet, mehr als eine Million Mal.

Die Leute erfuhren immer mehr und machten sich ihre Gedanken über die schlimme Situation in Syrien, und ich trug dazu bei! Ich wollte einfach nicht, dass man uns vergaß, und ich wollte weiterhin nette Botschaften erhalten, in denen stand, wie sehr die Leute sich um mich sorgten. Jedes Mal, wenn ich eine bekam, fühlte ich mich besser.

Und ich schloss so viele Freundschaften auf der ganzen Welt. Manchmal wollten auch Reporter mit mir sprechen. Der Journalist Ahmad Hasan, der ebenfalls in Aleppo lebte, kam zu uns, um mich kennenzulernen. Ich trug zu dem Treffen meinen Lieblingsrock und ein hübsches weißes T-Shirt. Ein bisschen nervös war ich vorher schon, weil ich nie zuvor interviewt worden war. Aber er war sehr nett. Ich zeigte ihm, dass ich Englisch lesen und schreiben konnte, und er meinte, ich sei ein sehr kluges Kind. Er fragte mich, warum ich twitterte, und ich antwortete ihm, dass ich den Krieg satt hatte und traurig war, weil meine Schule bombardiert und meine Freunde getötet worden waren. Und dass ich wollte, dass die Menschen uns halfen. Er sagte mir, seiner Meinung nach sei ich diejenige, die den Menschen half, und das gab mir ein gutes Gefühl.

Auch andere Menschen aus Aleppo bestätigten mir das. Wenn sie mich auf der Straße beim Filmen oder Fotografieren trafen, sagten sie: „Danke, Bana" und „Alles Gute, Bana", und manchmal twitterten sie mir auch. Wir hatten alle geglaubt, die Welt habe uns vergessen, und darum waren sie froh, dass ich die Menschen ermahnte, sich an Ost-Aleppo zu erinnern.

Die Männer, die dafür sorgten, dass das WLAN funktionierte, kamen nach Bombardierungen immer in unser Viertel, um sicherzustellen, dass das WLAN und die Kabel in Ordnung waren. Sie meinten, es sei wichtig, dass ich weiterhin der Welt erzählen könne, was vor sich ging.

Sogar wenn wir alle durch Bomben umkämen, würde jemand wissen, was mit uns geschah. Wir konnten wenigstens Auf Wiedersehen sagen.

#StandwithAleppo

Bana Alabed
@AlabedBana
We are dying
13 Oct 2016
Bana Alabed
@AlabedBana
I just want to live without fear_Bana #Aleppo
Bana Alabed
@AlabedBana
I love peace more than anything else. - Bana #Aleppo
10 Oct 2016
Bana Alabed
@AlabedBana
Please don't steal from us our childhood Bana #Aleppo
Bana Alabed
@AlabedBana
We are not armed, why do you kill us? - Bana #Aleppo
9 Oct 2016
Bana Alabed
@AlabedBana
Speaking for the children of Aleppo, I demand peace for us. - Bana #Aleppo
Bana Alabed
@AlabedBana
Hi @hillaryclinton my name is Bana I'm 7 years old girl in Aleppo, can you #Standwith Aleppo children please.?
6 Nov 2016
Bana Alabed
@AlabedBana
I am sick now. The war started again, there's no medicine. Please pray for me dear world. - Bana #Aleppo
Bana Alabed
@AlabedBana
Please stop the war, we are tired. - Bana #Aleppo
6 Oct 2016
Bana Alabed
@AlabedBana
I miss school so much. - Bana #Aleppo
6 Oct 2016

„Euch droht der Tod“

Die Flugzeuge kamen, aber anstatt Bomben warfen sie Papier ab. Auf den Blättern stand: Dieses Gebiet wird dem Erdboden gleichgemacht, und euch droht der Tod. Ihr müsst sofort hier weg. Auch die Regierung warnte uns davor, dass in vierundzwanzig Stunden ein grausamer Bombenangriff stattfinden würde.

Das Regime beschloss, Ost-Aleppo Straßenzug für Straßenzug zu bombardieren, um sämtliche Mitglieder der Freien Syrischen Armee, die sich in Ost-Aleppo aufhielten, zu töten. Aber wir waren auch dort.

Sie forderten uns auf zu gehen, aber wo sollten wir denn hin? Die Stadt war von der Armee umzingelt. Außerdem konnte es wieder eine Falle sein, bei der sie jeden, der versuchte, nach West-Aleppo zu gelangen, erschossen oder festnahmen. Zu einem früheren Zeitpunkt der Belagerung hatten sie schon über ganz Ost-Aleppo von Flugzeugen aus Zettel abgeworfen. Darauf stand, dass die Regierung mit den Kämpfen und Bombardierungen aufhören würde, damit die Menschen sicher nach West-Aleppo gelangen könnten. Doch als einige es versuchten, wurden sie von Soldaten erschossen; Männer, die es nach West-Aleppo schafften, wurden von der Regierung für die Armee zwangsrekrutiert. So zu tun, als könnten wir ungefährdet nach West-Aleppo gehen, war also nur eine gemeine Falle gewesen.

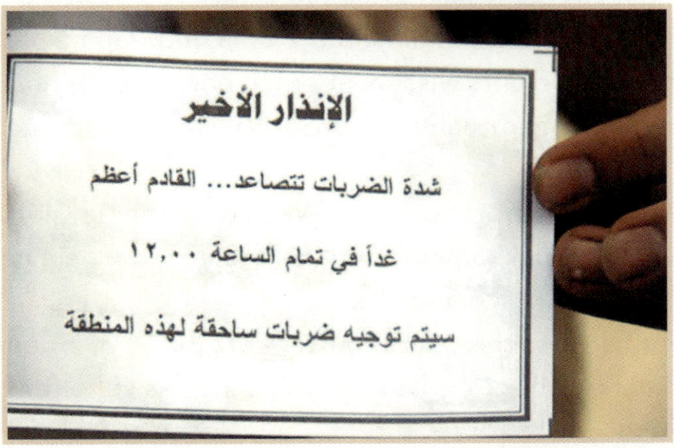

Nach dem Abwurf der Flugblätter wurde es richtig schlimm. Es ist kaum vorstellbar, wie schrecklich es von da an war. Es war die schlimmste Zeit in unserem Leben.

Bisher waren an guten Tagen zwei Bomben gefallen und an schlechten Tagen zehn. Jetzt regnete es Tag und Nacht pausenlos Bomben, vielleicht hundert davon, man konnte sie gar nicht mehr zählen. Es ist nur sehr schwer vorstellbar, wie grauenhaft es ist, an einem Ort zu sein, wo rundum Bomben fallen, die ganze Zeit über. Und es war eine andere Sorte Bomben – noch größere. Und etliche davon waren mit Chlorgas bestückt.

Wegen der vielen Bomben machten wir kein Auge mehr zu. Wir kochten auch kaum noch Reis oder Nudeln – dafür blieb gar keine Zeit, weil schon wieder die Flieger kamen.

Zu Anfang weinten meine Brüder und Cousinen und

Cousins und ich immer, wenn die Angriffe begannen, doch nach einer Weile nicht mehr – nicht einmal Nour –, denn wir hatten keine Tränen mehr.

Eines Morgens kam Großmutter Alabed zu uns und redete mit ernster Stimme auf Mama und Papa ein. Ich sollte davon nichts wissen, aber ich hörte sie sagen, die Armee wäre ganz nah und „unser Viertel als Nächstes an der Reihe".

Papa ging sofort zu Onkel Wesam und sagte, sie würden bald zurückkommen. Ich wollte nicht, dass sie nach der Armee Ausschau hielten.

Mama versuchte, Großmutter aufzuheitern, indem sie Tee kochte, aber ich glaube nicht, dass das geholfen hat.

Papa kehrte kurz vor dem Abendessen zurück. Ich war gerade im Wohnzimmer und schrieb in mein Tagebuch, und er kam nicht mal herein, um mich zu umarmen, wie er das sonst immer tat. Er marschierte geradewegs in die Küche, um mit Mama und Großmutter zu reden, und ihre Stimmen waren noch ernster als sonst.

Da wusste ich, dass die Lage schlimm war.

Als wäre ich tot, aber ich war es noch nicht

Die Lage war schlimmer als schlimm; es wurde so furchtbar, wie es noch nie gewesen war.

Baba, meine Onkel und Großmutter unterhielten sich im Wohnzimmer und versuchten, eine Möglichkeit zu finden, wie wir der Armee entkommen konnten. Mama kochte mit Tante Fatimah in der Küche das Abendessen (wieder mal Reis). Ich war immer noch im Wohnzimmer und schrieb in mein Tagebuch, als plötzlich ein ohrenbetäubender Lärm losbrach, ganz viele Geräusche auf einmal: splitterndes Glas, einstürzende Wände und ein Knall, als wäre die ganze Erde von etwas getroffen worden.

Dann war es, als würde mir jemand einen starken Schlag versetzen, der mich umwarf. Alles wurde dunkel und still, als wäre ich tot, aber ich war es nicht.

Und danach die Schreie: Mama, Mohammed, Tante Fatimah, Lana, alle schrien und weinten durcheinander. Ich hörte die Schreie, doch ohne jemanden zu sehen. Alles war dunkel vor Rauch. Ich bekam keine Luft und konnte nicht aufhören zu husten. Und ich konnte absolut nichts erkennen. Ich war verwirrt, bis mir klar wurde, dass es nun passiert war: Eine Bombe hatte unser Haus getroffen. Alles war in die Luft geflogen.

Ich spürte Arme um mich, und dann rannten wir die Treppe hinunter.

Als wir im Keller ankamen, sah ich, dass Onkel Wesam mich trug. Er setzte mich ab, und ich blickte mich um – meine Tanten und Onkel und Cousinen und Cousins waren ebenfalls alle in den Keller gerannt. Aber Mama nicht. Und Baba auch nicht. Ich begann nach ihnen zu rufen. Niemand antwortete mir. Ich war außer Atem, als wäre ich ganz schnell gelaufen, obwohl das gar nicht der Fall war.

Nach einer Minute kam Mama mit Mohammed auf dem Arm, staubbedeckt; sie sah aus wie ein Gespenst. Sie umarmte mich und schrie dabei: „Wo ist Nour? Wo ist Ghassan?" Immer und immer wieder.

Vor Erleichterung, dass Mama lebte, fühlte ich mich ganz schwach. Es kam mir so vor, als wäre ich gleichzeitig in einem Traum und in einem Albtraum.

Sämtliche Erwachsenen waren in Panik, vor allem Großmutter Alabed, die am allerlautesten weinte. Sie machte sich Sorgen wegen Großvater, der bei ihnen zu Hause war. Und auch um Baba. Keiner wusste, was wir nun tun sollten.

Jemand meinte, der Keller wäre nicht sicher. Aber wo hätten wir sonst hingehen sollen?

Wir hörten die Bomben um uns herum niederprasseln.

Mama setzte Mohammed ab, und er krabbelte zu mir und auf meinen Schoß. Sie sprach mit Onkel Wesam und versuchte herauszubekommen, wo Baba war.

„Hast du ihn gesehen? Hast du ihn gesehen? Ist er tot?“, rief Mama immer wieder mit schriller Stimme. „Hat er Nour bei sich?“

Onkel Wesam erklärte ihr, er sei sicher, dass Baba und Nour wohlauf seien; sie hätten wahrscheinlich die Treppe zum anderen Teil des Kellers genommen.

Mama wollte zurück und dann hinunter in den anderen Kellerteil, um sich zu vergewissern, aber wir flehten sie an, es zu lassen. Es war zu gefährlich.

Sie ließ sich zu Boden fallen und weinte unaufhörlich. Jedes Mal, wenn ich daran dachte, dass Nour und Baba nicht bei uns waren und vielleicht nicht mehr lebten, wurde ich sehr müde. Dann hätte ich mich am liebsten auf den Boden gelegt und wäre eingeschlafen, weil es zu schlimm war, wach zu sein.

Es war allerdings schwer, überhaupt einen Gedanken zu fassen, denn die Bomben regneten weiter auf uns nieder, und die Kellerwände bebten und bröckelten.

Mama rannte zu uns herüber, um meinen und Mohammeds Mund mit Streifen von einem zerrissenen Hemd zu bedecken, damit wir den Staub nicht einatmeten. Sie versuchte, uns mit ihrem Körper vor den Steinbrocken und Wandteilen zu schützen, die herabfielen. Trotzdem bekamen wir noch einiges ab. Es war, als würde mich jemand mit einem spitzen Gegenstand überall stechen. Wir alle hatten blutige Wunden.

Als Onkel Nesar plötzlich umfiel, dachten wir, er wäre tot. Mama meinte, er sei nur ohnmächtig geworden. Wir bespritzten ihn mit Wasser, um ihn aufzuwecken.

Dann traf ein großer Mauerbrocken Onkel Masen. Er schrie auf, und Blut rann ihm das Bein hinunter. „Alles okay, alles okay“, sagte er, aber ich merkte, dass er große Schmerzen hatte.

Nach einer Weile waren wir alle still, denn wir konnten nichts anderes tun, als dazusitzen und uns von oben steinigen zu lassen.

Wir hatten kein Zuhause mehr

Es dauerte viele Stunden, bis die Bombardierung aufhörte. Ich hatte sogar Angst davor, dass sie zu Ende war, denn dann konnten wir hinaufgehen und würden ein für alle Mal Klarheit haben, ob Baba und Nour tot waren. Ich wollte es gar nicht wissen.

Als es ruhig wurde, wies Onkel Wesam uns an zu warten, bis er nach dem Rechten gesehen hätte. Er kam mit den besten Neuigkeiten zurück! Baba und Nour waren am Leben. Sie befanden sich tatsächlich in dem anderen Keller. Mama konnte nicht aufhören zu weinen, trotz dieser guten Nachricht.

Wir alle, Baba und Nour eingeschlossen, gingen hinaus auf die Straße, wo wir uns ausgiebig umarmen und uns darüber freuen wollten, dass wir überlebt hatten. Aber die Zeit war knapp, denn wir wussten, dass die Flieger zurückkommen würden und wir einen Ort finden mussten, wo wir hingehen konnten.

Wir warteten auf der Straße, während Mama schnell nach oben lief, um zu nachzusehen, ob sie unsere Wertsachen, wie zum Beispiel das Geld, retten konnte. Mama hatte sich, bevor sie in den Keller rannte, ihr Telefon und ihre Handtasche mit ein paar wichtigen Dingen geschnappt. Diese Tasche hatte sie immer in der Nähe. Aber sie wollte auch Babas Handy und die Ladegeräte holen. Ich wünschte mir, dass sie mir meine Puppen mitbrächte. Aber als ich hochblickte, sah ich selbst in der Dunkelheit, dass unser Haus komplett zerstört war. Mir war klar, dass meine Bücher und Spielsachen wahrscheinlich alle weg waren. Beim Anblick unseres zerstörten Zuhauses empfand ich etwas, das schlimmer war als Traurigkeit. Es war, als würde es in mir ganz schwarz.

Plötzlich kam Großvater Alabed angerannt – er war so in Sorge um Großmutter gewesen. Wieder umarmten sich alle und weinten. Aber wir mussten jetzt schnell einen Ort finden, wo wir Unterschlupf finden konnten. Es war mitten in der Nacht und gefährlich, auf der Straße zu sein. Baba und Onkel Wesam beschlossen, dass wir uns erst einmal ins Haus von Großvater und Großmutter Alabed flüchten sollten – Großvater sagte, es wäre nicht sehr schlimm getroffen worden.

Wir mussten ganz schnell rennen, damit uns keine Bombe traf. Draußen war es stockdunkel, und das machte mir Angst. Wir sahen kaum, wo wir hinliefen. Mama sagte, wir dürften unsere Handys nicht einschalten oder als Taschenlampe benutzen, da man das Licht von den Flugzeugen aus sehen würde. Außerdem war es bitterkalt, und wir hatten keine Schuhe. Die auf der Straße herumliegenden Trümmer und Granatsplitter schnitten mir die Füße auf. Aber ich musste ein großes Mädchen sein und selbst laufen, weil Baba Mohammed trug und Mama Nour.

Schließlich kamen wir bei Großmutters Haus an und gingen direkt in den Keller. War das kalt! Am meisten fror Onkel Nesar. Sein Hemd war gefroren, weil wir ihn ja mit Wasser bespritzt hatten. So drängten wir uns alle dicht aneinander, um uns warmzuhalten. Es ist schön, eine große Familie zu haben, wenn man Wärme braucht.

Obwohl gerade die Sonne aufging, waren wir sehr müde. Mama kuschelte mit uns, bis wir einschliefen. Normalerweise fanden wir kaum Schlaf, wir nickten nur hin und wieder ein, wenn es ruhig war, was kaum jemals vorkam, weil ständig die Flugzeuge am Himmel waren. In dieser Nacht jedoch war ich müder als je zuvor. Ich hätte ewig schlafen können.

Das Aufwachen war schrecklich, denn mir fiel gleich wieder ein, was passiert war: Wir hatten kein Zuhause mehr. Mama und Baba waren beide weg, und mein Herz begann zu rasen. Großmutter Alabed sagte, ich solle mich beruhigen – sie waren nur nachsehen gegangen, ob sie irgendetwas aus unserem Haus retten könnten. Ich hoffte, dass sie meine Puppen fänden, fürchtete aber, dass sie alle kaputt waren. Auch Yasmin.

#Stand
stop the
bombing

Was würde passieren, wenn die Armee uns fände?

Wir hatten kein Zuhause mehr. Ich hatte bisher immer ein Zuhause gehabt und wusste nicht, wie es jetzt weitergehen sollte. Wo würden wir nun hingehen? Die Regierungsarmee sprengte Ost-Aleppo Straße um Straße in die Luft, Tag für Tag, also mussten wir uns weiter und weiter nach Osten zurückziehen, fort von der Armee, die uns jagte.

Baba und Onkel Wesam suchten mit Hochdruck nach einem Platz, wo wir bleiben konnten. Babas Freund Abdul-Rahman sagte, er hätte etwas für uns, doch der Ort war zu weit weg, um dorthin zu laufen. Deshalb zogen Baba und Onkel Wesam los, um ein Auto aufzutreiben. Sie mussten schnell sein, denn die Armee war auf dem Vormarsch.

Mama hatte versucht, ein paar Sachen aus unserem Haus zu retten, aber alles war ziemlich kaputt. Sie zeigte mir das Video, das sie aufgenommen hatte, und ich wollte es auf Twitter stellen, damit jeder wusste, dass ich mein Zuhause verloren hatte. Beim Anblick des Videos kam das schwarze Gefühl zurück. Besonders, als ich mein Zimmer sah.

Als Baba eine Weile fort war, begann ich mir Sorgen zu machen, die Armee könnte uns finden, oder sie hätte ihn aufgegriffen. Ich wusste nicht recht, was passieren würde, wenn die Armee uns fände. Würden sie uns erschießen? Ins Gefängnis stecken? Konnten wir im Gefängnis zusammenbleiben? Manchmal gefiel es mir, Mama mit Fragen zu löchern, aber jetzt hatte ich zu große Angst, sie zu stellen.

Baba und Onkel Wesam kamen zurück in den Keller gerannt, wo wir immer noch warteten. „Los, gehen wir! Macht schnell!“, sagten sie, und wir eilten alle auf die Straße. Ich sah den Wagen, den sie aufgetrieben hatten; es war ein LKW mit offener Ladefläche. „Rein mit euch!“, scheuchte uns Baba.

Wir machten besorgte Gesichter, weil wir nicht alle hineinpassten. Aber es gab keine andere Möglichkeit. Also zwängten wir uns hinein – insgesamt neunzehn Personen. Keine Ahnung, wie wir das geschafft haben. Wir mussten uns richtig festklammern, weil der LKW über den Schutt rumpelte und Baba sehr schnell fuhr. Ich dachte, wir würden herausfallen. Nour schrie die ganze Zeit. Ich schloss die Augen ganz fest, um weniger Angst zu haben. Aber es half nicht wirklich.

Nie hatte ich mich schlechter gefühlt

Das neue Haus war total schmutzig. Ich hasste es, sobald wir zur Tür hereinkamen. Es hatte schon lange niemand mehr dort gewohnt, und es gab weder Möbel noch Nahrungsmittel oder eine Heizung. Es war überhaupt kein richtiges Zuhause.

Baba und Onkel Wesam verließen uns gleich wieder, sobald wir angekommen waren. Sie gingen Wasser suchen. Ich hoffte, dass sie bald zurückkommen würden, denn ich hatte großen Durst.

Ich versuchte, mich zu erinnern, wie lange ich nun schon nichts mehr gegessen oder getrunken hatte. Es ist ein schreckliches Gefühl, wenn der Hals so trocken ist, dass man kaum schlucken kann, und der Bauch so leer, dass er wehtut.

Ich sehnte mich danach, zu baden. Wir waren so dreckig von dem Staub und den Wunden, aber wir hatten keine Möglichkeit, uns zu waschen. Und sowieso keine saubere Kleidung. Baba hatte auf einem Markt Schuhe für uns gefunden – es waren eher Pantoffeln als

Schuhe, aber richtige Schuhe gab es nicht, und irgendetwas brauchten wir.

Nie hatte ich mich schlechter gefühlt: hungrig und durstig und müde und voller Angst und traurig und durchgefroren, da es weder Decken noch Heizung gab. In meinen Ohren hallten noch die Bomben nach. Es waren so viele scheußliche Gefühle gleichzeitig, dass ich nicht wusste, was ich tun sollte. Ich legte mich einfach auf Mamas Schoß und versuchte, an überhaupt nichts mehr zu denken.

Vielleicht war es mein Herz, das krank war

Ich wusste nicht, wie lange wir in diesem Haus bleiben würden oder ob es unser neues Zuhause werden würde. Das einzig Gute daran war, dass es hier nicht so viele Bomben gab. Wir waren weit genug weg von dort, wo die Armee war, sodass sie unsere Gegend nicht so oft bombardierten – nur ein- oder zweimal am Tag.

Das war aber auch das einzig Positive, denn alles andere war schrecklich. Baba musste jeden Tag losziehen, um Wasser aufzutreiben, und es gab kaum welches. Da auch das Benzin ausging, liefen die Generatoren nur sehr selten, und ohne die Generatoren konnten die Menschen kein Wasser pumpen. Also hatten wir täglich nur eine kleine Tasse voll zu trinken. Es gab auch nur einmal am Tag etwas zu essen. Mama hatte in unserem zerbombten Haus ein wenig Mehl gefunden und mitgebracht. Daraus machte sie in einer Pfanne über dem Feuer Brot oder so etwas Ähnliches. Mangels Brennstoff kochten wir das, was wir an Essen ergattern konnten, über dem Feuer.

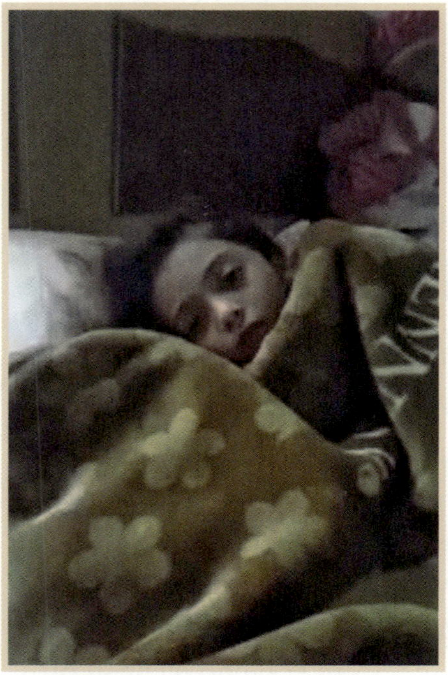

Ein paar Nachbarn teilten einige Decken mit uns, aber wir schliefen immer noch Nacht für Nacht auf dem kalten, dreckigen Boden dieses Hauses. Ich ließ Nour seinen Kopf auf meinen Bauch legen, denn Kissen gab es auch keine.

Ich wurde sehr krank. Vielleicht war es mein Herz, das krank war und auch meinen Körper krankmachte. Aber ich konnte nichts weiter tun, als dazuliegen, so erschöpft war ich. Es gab keine Medizin, die mir geholfen hätte, mich besser zu fühlen.

Ich war zu müde, um noch Hoffnung zu haben. Ich war es müde, ums Überleben zu kämpfen. Ich dachte, vielleicht wäre es besser, wenn uns eine Bombe traf und wir nicht mehr so weiterleben mussten.

Es gab keinen Ort, wo wir hingehen konnten

„Steht auf, steht auf!“ Mama und Baba riefen uns alle, und ich wusste nicht warum, denn die Sonne ging gerade erst auf. Wir wohnten schon seit ein paar Wochen in dem leeren Haus, und ich hielt es für unser neues Zuhause. Doch Mama sagte: „Bana, wir müssen jetzt los!“

Ich war so müde und verwirrt.

Mitten in der Nacht waren die Nachbarn gekommen und hatten berichtet, die Regierungsarmee würde näher rücken, und wir müssten fort. Aber genau wie zuvor gab es keinen Ort, wo wir hingehen konnten.

Panik brach aus. Baba hatte draußen ein Auto stehen – das von seinem Freund Abdul-Rahman. Er wies alle Frauen und Kinder an, ins Auto zu steigen. Wir passten kaum hinein, und als er sehr, sehr schnell davonfuhr, wurden alle aneinandergedrückt.

„Wo fahren wir hin?“, wollte ich wissen. Aber niemand hatte eine Antwort. Baba hielt einfach am Straßenrand und sagte, wir sollten warten, während er zurückfuhr, um meine Onkel abzuholen.

In diesem Teil von Aleppo war ich noch nie gewesen.

Wir wussten nicht, wo wir hingehen sollten. Ich klammerte mich ganz fest an Mamas Hand.

Wir liefen ein wenig herum, weil es nichts zu tun gab. Da trafen wir auf jemanden, den wir kannten. Es war Ahmad Hasan, der Journalist, der mich wegen meiner Twitter-Aktivitäten interviewt hatte! Er war sehr nett und wollte uns immer helfen. Manchmal waren Mama und ich, da wir kein Haus mehr hatten, in sein Büro gegangen, um Mamas Telefon aufzuladen, oder er ließ uns das WLAN benutzen, damit ich Twitter-Nachrichten lesen oder schreiben konnte.

Wir erzählten Ahmad, dass wir keinen Ort hatten, wo wir hingehen konnten. Sofort versprach er, uns zu helfen. Er lebte allein in einer Wohnung in der Nähe, sodass unsere Familie dort unterkommen konnte, während er bei einem Freund wohnen würde.

„Vielen, vielen Dank", sagte Mama, und ich umarmte ihn. Ich war so dankbar, dass wir nun einen Zufluchtsort hatten. Jetzt mussten nur noch Baba und die Onkel zurückkommen, damit wir es ihnen erzählen konnten.

Allah ist der beste Hüter

Das Erste, was ich sah, als Baba zurückkam, war das Blut. Er versuchte zu lächeln und so zu tun, als wäre alles in Ordnung, aber wir merkten gleich, dass etwas nicht stimmte. Mama rannte zu ihm, sobald er aus dem Auto stieg. Auch das Auto sah anders aus als zu dem Zeitpunkt, zu dem er uns abgesetzt hatte – sämtliche Türen waren aufgesprungen, die Frontscheibe war zersplittert.

„Ghassan! Was ist passiert? Alles in Ordnung?" Mama berührte ihn überall, um festzustellen, wo er verletzt war. Onkel Wesam blutete ebenfalls, und Tante Fatimah tat das Gleiche wie Mama – sie kümmerte sich fürsorglich um ihn.

Baba erzählte uns, dass direkt vor dem Auto eine Bombe hochgegangen war. Sie waren von Granatsplittern getroffen worden, genau wie es Onkel Nesar passiert war. Baba war wenigstens nicht im Gesicht verletzt worden – nur am Arm. Onkel Wesam traf es in den Rücken.

Wir gingen zu Ahmads Wohnung, um nachzusehen, wie schlimm die Verletzungen waren. Wir hatten kein Wasser, um die Wunden auszuwaschen. Baba sagte immer wieder: „Mir geht es gut, mir geht es gut." Aber es ging ihm nicht gut, das merkte ich, und es machte mir große Angst. Ich weinte sehr, ich konnte nichts dagegen tun.

Dann holte ich Mamas Koran aus ihrer Handtasche. Sie hatte ihn bekommen, als sie ihren Haddsch unternommen hatte, und bewahrte ihn zur Sicherheit immer in der Tasche auf. Bevor unser Haus bombardiert worden war, hatte sie sich ihre Tasche ja zum Glück noch schnappen können.

Ich lese Baba (und auch meinen Puppen) immer gern aus dem Koran vor. Jetzt las ich Babas Lieblingsverse, um uns beide zu trösten: Allah aber ist der beste Hüter, und ER ist der barmherzigste Erbarmer.

Wir hatten keinen Zufluchtsort

In unserer neuen Unterkunft gab es nur zwei Zimmer und zwei Betten, dabei waren wir neunzehn Personen. Wir legten die Matratzen auf den Boden, um ein bisschen mehr Platz zu haben. Die Mädchen schliefen auf der einen, die Jungs auf der anderen.

Jeden Tag mussten wir uns darum kümmern, die allernötigsten Dinge wie Nahrungsmittel und sauberes Trinkwasser zu beschaffen.

Ich ging nicht gern raus. Auf den Straßen waren so viele Leute – Tausende und Abertausende von Menschen, die, genau wie wir, keinen Zufluchtsort hatten. Manche lagen einfach auf der Erde, oder sie bluteten, oder sie verbrannten Sachen, um sich warmzuhalten.

In der Wohnung waren wir alle zusammengepfercht auf engem Raum, und selbst wenn wir draußen waren, blieb das Gefühl, dass wir zu viele Leute für das bisschen Platz waren. Ich mochte das nicht.

Das Gebäude, in dem wir wohnten, lag ganz am äußersten Rand von Aleppo. Wir waren alle durch die Armee und die Bomben dorthin getrieben worden. Jetzt gab es keinen Ort mehr, wo wir noch hinkonnten. Zwischen uns und den Panzern der Armee gab es nichts.

Und sie bombardierten uns oft und rückten mit ihren Riesenkanonen immer näher.

Wir hatten keinen Zufluchtsort.

Das war es.

Mama und ich versuchten, unsere Twitter-Freunde dazu zu bringen, uns zu helfen. Vielleicht konnten sie die Flugzeuge davon abhalten, mit Bomben wiederzukommen.

Wenn sie es nicht taten, würde das unser Ende sein.

Man kann sich nicht vorstellen, wie glücklich wir waren, das zu hören

Jemand, der uns helfen wollte, meldete sich bei Mama! Der türkische Außenminister führte Gespräche mit dem Regime und Leuten im Iran, in Russland und andernorts, um eine Waffenruhe zu erwirken. Das bedeutete, die Kämpfe und Bombardierungen würden aufhören, sodass wir Aleppo verlassen konnten.

Es würde Busse geben, die alle Eingeschlossenen abholten, um sie an einen sicheren Ort außerhalb von Aleppo zu bringen. Am ersten Tag würden die Busse die Verletzten und Schwerkranken mitnehmen, und an den Tagen darauf sollten die Busse wiederkommen und all die übrigen Leute abholen, die von hier fortwollten.

Man kann sich nicht vorstellen, wie glücklich wir waren, das zu hören. Ich dachte, der Gedanke, Aleppo zu verlassen, würde mich traurig machen, aber mehr als alles andere wünschte ich mir Essen und Wasser und einen Schlafplatz – selbst wenn er nicht mehr in Aleppo war.

Am nächsten Tag gingen Mama und ich zu einer Bekannten, die in einem nahe gelegenen Krankenhaus arbeitete. Mama bat diese Frau um Hilfe, damit wir mit den Kranken einen der ersten Busse nehmen konnten, denn mein Baba war immer noch verwundet. Mamas Freundin sagte jedoch, dass sie darauf keinen Einfluss habe.

Ich denke nicht gern an das, was ich draußen vor dem Krankenhaus sah: Hunderte von Leuten, die verletzt und blutend auf der Erde lagen. Viele weinten und stöhnten. Und da waren auch Menschen mit geschlossenen Augen, von denen ich hoffte, dass sie nur schliefen. Es roch sehr schlecht – schlimmer, als wenn Reifen brennen. Diesen Geruch werde ich nie vergessen, so gern ich das würde.

Ich musste zu diesen Bussen!

Baba war nicht der Meinung, dass wir gleich am ersten Tag den Bus nehmen sollten – er wollte abwarten, was geschah und ob es überhaupt sicher war. Großmutter Alabed war dafür, es trotzdem zu probieren; sie glaubte, das wäre unsere einzige Chance. Auch ich wollte fort – ich wollte überall anders sein, nur nicht hier. Doch Baba ist klug und ein gutes Familienoberhaupt; er weiß, was am besten ist. Am Abend erfuhren wir, dass viele Leute es geschafft hatten wegzukommen. Das war eine gute Nachricht, und wir warteten aufgeregt auf unsere Abreise am nächsten Tag.

Wir zogen frühmorgens los, noch vor Sonnenaufgang, um ganz vorn in der Schlange der Passagiere zu stehen. Es war jedoch schon so voll, dass wir den vorderen Teil der Schlange und die Busse gar nicht sehen konnten. Die Leute hatten auf der Straße übernachtet, und darum waren sehr viele vor uns. Wir konnten nur warten. Allerdings hatten wir weder Essen noch Wasser bei uns, und es war bitterkalt – diese Art Kälte, die einen richtig zittern lässt. Wir machten ein Feuer, um uns zu wärmen, aber ich spürte meine Nase, die Zehen und die Finger trotzdem nicht mehr.

Am Nachmittag hörten wir Schreie und lautes Knallen. Man schoss auf Leute, die in die Busse zu steigen versuchten. All die Wartenden waren nervös und in Panik – ganz besonders Großmutter. Sie schrie: „Ich wusste ja, wir hätten gestern fahren sollen! Jetzt kommen wir garantiert nicht mehr weg!“ Wir versuchten, sie zu beruhigen, aber es war richtig, sich aufzuregen, denn das alles war wirklich schlimm. Was, wenn nun keine Busse mehr kamen?

Wir zogen uns zurück in die Wohnung, und Mama und ich gingen auf Twitter und erzählten allen, dass die Waffenruhe gebrochen worden war. Wir konnten nichts tun, aber vielleicht würden unsere Freunde anderswo die Soldaten dazu bringen, ihr Versprechen zu halten und die Menschen, die nur fliehen wollten, nicht zu verletzen.

Am Tag darauf hörten wir noch mehr schlechte Nachrichten: Es gab keine Busse mehr. Das war ein ganz schrecklicher Tag, denn wir verloren jede Hoffnung. Wir konnten nur noch beten, dass wieder Busse kommen würden.

Erneut standen wir am nächsten Tag vor Sonnenaufgang auf und gingen dorthin, wo die Busse abfahren sollten, und beteten, dass keiner auf uns schießen würde. Dieses Mal warteten weniger Leute – vielleicht, weil viele Angst hatten. Ich konnte die Busse sehen! Sie waren da! Sie waren groß, und es waren viele, eine lange Schlange von Bussen.

Es war das Schönste, was ich je gesehen habe. Ich begann zu weinen. Ich weinte, weil ich so glücklich war – das war mir noch nie passiert. Ich dachte immer, man weint nur, wenn man traurig ist.

Ich nahm Mamas Hand und lief los. Ich musste zu diesen Bussen! Nour und Mohammed begannen zu schreien und rannten ebenfalls los.

„Die Busse, die Busse!“, rief Mohammed halb lachend, halb weinend.

„Warte, warte, sehen wir erst mal, ob es sicher ist!“, versuchte Mama, mich zurückzuhalten.

Aber ich wollte nicht zurück. Ich wollte an diesem Tag in einen Bus steigen, damit wir nicht wieder in die Wohnung mussten. Ich wollte nie mehr dorthin zurück. Ich flehte Mama und Baba an zu rennen, also taten wir es alle. Wir wurden in der Menge von anderen Mitgliedern unserer Familie getrennt, sahen dann aber, dass für alle Platz sein würde.

Wir stiegen in den Bus. Endlich.

Ich konnte es fast nicht glauben

Wir waren außer uns vor Freude, dass wir an einen sicheren Ort kommen würden, weg von den Bomben. Aber die Busse rührten sich nicht von der Stelle. Ich konnte nicht verstehen, wieso. Wir warteten und warteten, und sie fuhren einfach nicht los. Erst war es eine Stunde, dann zwei und dann viele, viele Stunden. Die Sonne ging unter, und wir bewegten uns immer noch nicht vom Fleck. Niemand durfte ein- oder aussteigen. Wir waren gefangen. Wir hatten weder Essen noch Wasser. Es war so kalt, dass wir unseren Atem sehen konnten. Und das war noch gar nicht das Schlimmste: Das Schlimmste war, dass wir keine Möglichkeit hatten, eine Toilette zu benutzen. Also machten sich alle einfach in die Hose – vor allem die Kinder –, sodass es im Bus so grauenhaft roch, wie man es sich kaum vorstellen kann.

Es war sehr dunkel in der Nacht, die wir in dem Bus verbrachten – überhaupt kein Licht, und nichts zu tun, außer zu warten. Wir hatten das Gefühl, gleich würde eine Bombe auf uns fallen oder Soldaten würden hereinmarschiert kommen. Keiner sagte ein Wort, weil alle zu traurig und verängstigt waren. Es war ganz still – bis auf die Babys, die weinten, weil sie solchen Hunger hatten und schmutzige Windeln. Wir waren wie Gefangene, und der Bus war unser Gefängnis. Was, wenn wir für immer in dem Bus bleiben mussten?

Da wir im Bus Netzempfang hatten, schickte Mama schnell eine Nachricht an die türkische Regierung, um nachzufragen, ob man uns dort helfen könnte.

Am nächsten Tag ging die Sonne auf, und wir waren alle immer noch wach. Plötzlich hörten wir lautes Motorengeräusch, und die Busse setzten sich in Bewegung. Wir glaubten zu träumen. Wir fuhren zwanzig Minuten, und dann sahen wir aus dem Fenster eine große Menschenmenge, die uns erwartete. Mama sagte, es wären Leute, die uns helfen würden. Ich konnte mich selbst in der Fensterscheibe sehen, und ich hatte das breiteste Lächeln auf dem Gesicht, das ich vielleicht jemals gehabt habe. Mir taten die Wangen richtig weh davon. Ich konnte es fast nicht glauben – wir waren in Sicherheit.

„Jetzt sind wir sicher“

Meine Beine zitterten, als ich aus dem Bus stieg, so als hätte ich nach dem langen Sitzen vergessen, wie man steht. Da waren nette Leute, die ganz viel Essen und ganz viel Wasser für uns und all die Menschen aus den anderen Bussen bereithielten. Wir erfuhren, dass in einem der anderen Busse eine Frau ein Baby zur Welt gebracht hatte, und es gab Ärzte, die ihr zu Hilfe kamen.

Mohammed sagte: „Mama! Wir sind im Himmel!“ Und genau so fühlten wir uns alle. Wir hatten so lange nicht gegessen, dass wir gar nicht wussten, womit wir anfangen sollten. Wir wollten alles gleichzeitig – Bananen und Äpfel und Brot! Und Wasser. Das Wasser schmeckte so köstlich. Ich trank drei Flaschen hintereinander. Aber dann mussten wir alle erbrechen, weil wir so viel gegessen und getrunken hatten. Also legten wir eine Pause ein und aßen dann weiter.

Nachdem ich gegessen und mich notdürftig gewaschen hatte, bat ein Mann mich und Mama, im Fernsehen zu sprechen und allen von Aleppo zu erzählen und wie es sich anfühlte, in Sicherheit zu sein.

Danach lud ein Arzt meine Familie in sein nahe gelegenes Haus ein, wo wir uns frisch machen konnten.

Von dort holten uns ein paar Männer ab, die für die türkische Regierung arbeiteten, damit wir in Sicherheit waren. Die syrische Regierung mochte es nicht, dass ich auf Twitter war und Frieden wollte, darum wäre es nicht gut gewesen zu bleiben, wo wir waren, denn wir befanden uns immer noch in Syrien, bloß auf dem Land.

Zunächst mussten wir in einem Auto in eine andere Stadt an der Grenze fahren, und dann flogen wir in einem Flugzeug in die Türkei. Ich war nie zuvor im Himmel gewesen. Ich hatte ein komisches Gefühl im Magen, als das Flugzeug abhob. Zum Teil, weil ich Angst vorm Fliegen hatte, aber auch, weil ich ein bisschen traurig war und mich davor fürchtete, Syrien zu verlassen. Aus dem Flugzeug blickte ich hinunter, ob ich Aleppo sehen und zum Abschied winken konnte. Aber draußen war es ganz dunkel, bloß ein paar Lichter konnte ich erkennen. Von oben sieht die Welt so schön aus – all die kleinen Gebäude und Lichter, wie eine Puppenstube. Ich konnte mir nicht vorstellen, wie jemand darauf Bomben abwerfen konnte.

Alle sahen wir still aus dem Fenster. Baba lehnte sich zurück und schloss die Augen. Nour und Mohammed waren eingeschlafen. Mama saß auf der anderen Seite des Ganges neben mir. Sie beugte sich herüber und flüsterte: „Jetzt sind wir sicher, Bana. Es wird alles gut."

Das ist das Letzte, woran ich mich erinnere, bevor auch ich einschlief. Ich träumte, dass ich mit Baba schwamm und wir uns gegenseitig nass spritzten. Ich lachte und lachte: So glücklich war ich.

Die Zukunft ist ungewiss, Bana. Aber wir wissen, dass wir die schlimmste Zeit unseres Lebens überstanden haben. Darin liegt ein gewisser Trost, in dem Wissen, dass wir den Schrecken, das Chaos und die Entbehrungen, die wir in unseren letzten Wochen und Monaten in Syrien durchgemacht haben, nie wieder in diesem Ausmaß werden ertragen müssen – allenfalls in unseren Albträumen.

Das Leiden, der Tod, die Angst, der Durst und der Hunger, all das Tag für Tag und ohne ein absehbares Ende – das hat von uns allen seinen Tribut gefordert. Ich konnte die Auswirkungen von Mangelernährung und Stress bei euch Kindern beobachten: die dunklen Ringe unter euren Augen, euer dünner werdendes Haar, euer ängstliches Schweigen. Die Angst, wenn ich bei einem Asthmaanfall oder einer ernsthaften Krankheit keine Medizin für euch hatte. Wir haben eine Hölle auf Erden überlebt, die nur wenige Menschen sich vorstellen oder begreifen können.

Es fällt mir schwer, das zu sagen. Aber sosehr ich

mir auch wünschte, immer für euch stark sein zu können, meine Angst zu verbergen, um unser Leben unter den brutalen Bedingungen so glücklich wie irgend möglich zu gestalten, es kam ein Moment, in dem ich meinte, nicht mehr durchhalten zu können. Unser Zuhause war zerstört – das war niederschmetternd –, und wochenlang waren wir Flüchtlinge in unserer eigenen Stadt. Ich hatte euch Kinder leiden und Zeugen schrecklicher Szenen werden sehen, die kein Kind erleben sollte – Leichen, die in den Straßen verwesten –, und ich wusste, dass ich kaum etwas tun konnte, um euch zu schützen oder die Situation erträglicher zu machen. Die Nachbarn kamen und erzählten uns, das Regime sei auf dem Vormarsch. Wir waren nach und nach in die entlegenste Ecke der Stadt gedrängt worden wie gehetzte Tiere. Nun hatten wir, wortwörtlich, keinen Ort mehr, wo wir hingehen konnten. Wir waren von vorn, von hinten und von oben von der anrückenden Armee umzingelt.

Baba und ich saßen aneinandergekuschelt draußen in der bitteren Kälte. Es war stockfinstere Nacht. Das einzige Licht kam von ein paar fernen Feuern. Der Geruch von verbranntem Nylon und Holz wurde vom Wind herübergetragen, ebenso der Gestank von Öl und verwesendem Fleisch, der ständig in der Luft hing. Wir ließen zu, dass unsere finstersten Befürchtungen und Gedanken von uns Besitz ergriffen, und irgendwie war das auf seltsame Weise tröstlich. Nach allem, was wir durchlitten hatten, war es nun so weit gekommen. „Es ist vorbei." Ich glaube, das habe ich laut gesagt, und anstelle von Furcht verspürte ich so etwas wie Erleichterung. Ich war erschöpft von der bloßen Anstrengung, am Leben zu bleiben. Nachdem ich so lange um unser Überleben gekämpft hatte, zog ich in Erwägung, dass es vielleicht schön wäre loszulassen, mich von der Strömung hinabziehen zu lassen – und von dieser Welt in die nächste überzuwechseln. Vielleicht war der Tod die einzige Möglichkeit, Frieden zu finden.

Aber der Überlebenswille ist stark – wie der Atem oder der Herzschlag, er trägt uns selbst dann noch, wenn wir uns dessen nicht bewusst sind. Er ist eine Flamme, die tief in uns flackert. Das ist der Grund, warum so viele von uns in der Lage sind weiterzumachen, selbst wenn es einfacher wäre, zu sterben oder aufzugeben. Unsere Leidensfähigkeit ist ungeheuer groß; es ist erschütternd, was wir ertragen können. Wir nehmen das, was kommt, und wir halten es aus. Wir finden einen Weg nach vorn.

So kam es also, dass ich selbst damals, in meiner dunkelsten Stunde, Gründe zu leben heraufbeschwören konnte – hauptsächlich euch Kinder. Und auch, dass ich dann anderen helfen könnte. Du und ich, wir waren eine Stimme für die Menschen in Syrien geworden, und wir konnten diese Menschen nicht im Stich lassen.

Es ist seltsam, aber in vielfacher Weise hat Twitter uns gerettet, Bana. Im wörtlichen und übertragenen Sinn. Twitter gab uns die Möglichkeit, mit Leuten in Kontakt zu treten, die uns helfen konnten, die in der Lage waren, für Sicherheit zu sorgen, und uns ermöglichten, aus Aleppo zu fliehen. Aber auch, weil der Kontakt mit anderen und das Teilen unserer Geschichte dafür sorgten, dass wir uns besser fühlten. Es verlieh unserem Leben Sinn und gab uns Kraft – und tut es noch immer. Unsere Welt im Keller war winzig, aber mit einem simplen Mobiltelefon wurde sie ganz groß.

Die Kinder in Syrien hatten keine Möglichkeit, für sich zu sprechen, also hast du es getan. Seit deiner frühen Kindheit warst du angesichts von Ungerechtigkeit entrüstet. Immer, wenn du etwas sahst, das nicht deinem strengen Moralkodex entsprach, sagtest du: „Das ist nicht richtig", oder: „Das ist nicht fair." Und während des Krieges warst du überzeugt, dass uns die Menschen, wenn sie nur erfuhren, was vor sich ging, helfen würden. Und sie haben es getan. Wir sind in Sicherheit, aber um den Krieg ein für alle Mal zu beenden, bleibt uns noch viel zu tun.

Wir werden nicht schweigen, bis es so weit ist. Selbst wenn sie versuchen, dich zu diskreditieren oder zu schikanieren oder schlimmstenfalls dich zum Schweigen zu bringen. Gibt es etwas Schändlicheres, als das Leben eines siebenjährigen Mädchens zu bedrohen? An dem Tag, als ich von finsteren Twitter-Trollen und dem Regime die ersten Todesdrohungen gegen dich erhielt, stockte mir das Blut in den Adern. Ebenso, als wir erfuhren, dass die Regierung unser Haus gezielt bombardiert hatte, mit voller Absicht. Mir wurde richtig schlecht bei dem Gedanken.

Besonders in jenen letzten Wochen bangte ich um dein Leben. Ich hatte das Gefühl, wir würden gejagt, und der Rest der Familie war sehr in Sorge, dass für dich – und damit für uns alle – ein besonderes Risiko bestand. Ich nahm die SIM-Karte aus meinem Telefon, damit das Regime uns nicht orten konnte, und ich sorgte dafür, dass du immer, wenn wir das Haus verließen, deine Mütze trugst. Ich wollte nicht, dass irgendein Armeeangehöriger dich erkannte. Es half, dass du Jungenkleider angezogen und deine Haare versteckt hast. Ich weiß noch, wie sehr du geweint hast, als du diese Kleider bekamst – aber sie erwiesen sich als Rettung.

Ich würde und werde alles tun, um für deine Sicherheit zu sorgen, Bana, aber ich werde dich nicht zum Schweigen anhalten. Genau das wollen sie. Das haben sie von jeher mit allen Friedensstiftern getan: Jesus, Martin Luther King jr., Gandhi.

Aber das spricht nur dafür, wie kraftvoll deine Botschaft ist. Du kannst die Welt verändern, und das wissen sie. Wir werden uns also den Tyrannen und Feiglingen nicht beugen, die einem kleinen Mädchen drohen, das sich nichts anderes wünscht als Frieden.

Wir müssen weiterhin die Stimme erheben für die unschuldigen Syrer und andere Menschen, die in Kriegen leiden. Wir wissen, was auf dem Spiel steht, und auch, wie abscheulich Krieg ist – also, wenn nicht wir, wer dann? Wir haben überlebt, und um dieses Wunders willen ist es unsere Pflicht und Schuldigkeit, anderen zu helfen, dass sie überleben.

Und was hält die Zukunft für uns bereit? Wir wissen es nicht. Alles, was du und deine Brüder kennengelernt habt, ist ein von Krieg und Gewalt bestimmtes Leben, und es wird dauern, bis diese Wunden geheilt sind – aber jetzt schon lacht ihr mehr, und ich sehe bei dir und Mohammed und Nour eine Leichtigkeit, die ich vorher nicht kannte. Und Nour hat eine Woche nach unserer Ankunft in der Türkei seine ersten Worte gesagt und redet nun wie ein kleiner Wasserfall. Baba und ich scherzen schon, dass wir die Zeit vermissen, in der er nicht gesprochen hat. Welch ein Geschenk, Scherze machen zu können.

Ich habe bescheidene Zukunftsträume, Bana. Ich möchte, dass wir für unsere Familie ein neues Zuhause schaffen und es mit Dingen füllen, die wir lieben. Ich will, dass du und deine Brüder eine gute Ausbildung bekommt. Ich möchte meinen Studienabschluss machen, und dein Baba würde gern eine Arbeit fin-

den, mit der er uns ernähren kann – vielleicht einen Laden eröffnen. Wir haben die gleichen Wünsche wie alle anderen seit jeher: ein einfaches und glückliches Leben.

Überleben hat etwas Klärendes, und das hat damit zu tun, alles zu verlieren – dein Land, dein Zuhause, deine Habe. Wenn dir alles genommen wird, erkennst du dein wahres Wesen und begreifst, was wesentlich ist.

Du bist wesentlich, und Baba, und Nour und Mohammed und der Rest unserer Familie. Wir sind alles, was wir brauchen.

Wir werden Syrien stets vermissen. Immer noch fragst du jeden Tag, wann wir nach Hause können. Ich hoffe, dass dieser Tag kommen wird, dass wir ein Land vorfinden werden, das wiederaufgebaut, und ein Volk, das wieder lebendig geworden ist. Allerdings kann bis dahin noch viel Zeit vergehen. Vielleicht wirst du mich dann schon zur Großmutter gemacht haben. Ich werde meinen Enkeln Geschichten aus dem Krieg erzählen und wie tapfer ihre Mutter war – dass du nie aufgegeben und es zu deiner Aufgabe gemacht hast, Menschen zu helfen. Dass du die Botschaft von Hoffnung und Frieden verbreitet hast.

Ich werde ihnen erzählen, dass ihre Mutter eine Heldin ist.

Das bist du, Bana. Und ich bin so stolz, deine Mutter zu sein.

Ich liebe dich, Bon Bon, mehr, als du jemals ermessen kannst.

In Liebe

Mama

Das ist mein Wunsch

Wussten Sie, dass im Krieg in Syrien ungefähr fünfhunderttausend Menschen umgekommen sind und tagtäglich weitere verletzt werden und sterben? Viele Familien hatten so wie meine keine andere Wahl, als das Land, das wir lieben, zu verlassen und an einen anderen Ort zu gehen, wo wir Flüchtlinge sind. Manche Menschen sagen, dass sie keine Flüchtlinge in ihrem Land wollen. Sie wollen, dass diese Menschen nach Hause gehen, auch wenn sie kein Zuhause mehr haben. Oder dass sie anderswo hingehen, auch wenn sie „anderswo" vielleicht ebenso wenig willkommen sind. Aber es gibt keinen anderen Ort, an den die Menschen gehen können. Wenn Sie kein Heimatland hätten oder Ihre Eltern oder Geschwister getötet würden, was würden Sie dann tun?

Wenn Sie in Syrien zu jemandem nach Hause kommen, werden Sie willkommen geheißen, als gehörten Sie zur Familie, und man teilt alles mit Ihnen, was man hat, Tee zum Beispiel oder Süßigkeiten. Ich wünsche mir, dass das auch so wäre, wenn jemand in Ihr Land kommt – dass Sie mit diesen Menschen teilen und ihnen helfen und versuchen zu verstehen, was sie durchgemacht haben.

Die Leute in der Türkei waren nett zu meiner Familie, und ich bin dankbar dafür. Wir haben Glück, denn viele Flüchtlinge aus Syrien und anderen Ländern müssen in Lagern leben. Manche Lager sind überfüllt, und es gibt nicht genug Essen oder Medikamente, und die Leute haben den ganzen Tag überhaupt nichts zu tun, keine Arbeit oder Schule.

Ich habe in Reyhanlı in der Türkei ein Lager besucht, und man bemüht sich dort, es den Leuten angenehm zu machen, aber es ist trotzdem nicht das Gleiche, wie ein Zuhause zu haben. Im türkischen Gaziantep habe ich ein Waisenhaus besucht, und dort lebten mehr als fünfundzwanzig Kinder, deren Eltern im Krieg umgekommen waren. Ich habe ein solches Glück, dass ich immer noch meine beiden Eltern habe. Aber viele Kinder haben das nicht. Und immer noch werden jeden Tag Kinder getötet oder verletzt – so wie Abdulbaset Ta'an, ein kleiner Junge, den ich im Krankenhaus besucht habe und der ungefähr gleich alt ist wie ich. Er hat durch eine Bombe beide Beine verloren.

Es ist nicht richtig, dass Menschen in Lagern leben oder ständig Angst haben müssen, oder dass sie ihre Freunde und Verwandten sterben sehen oder ohne sauberes Wasser, ohne Essen oder ohne ein Zuhause auskommen müssen. Und wenn man weiß, dass etwas nicht richtig ist, dann muss man es ändern. Wir alle müssen einander helfen, egal in welchem Land wir leben.

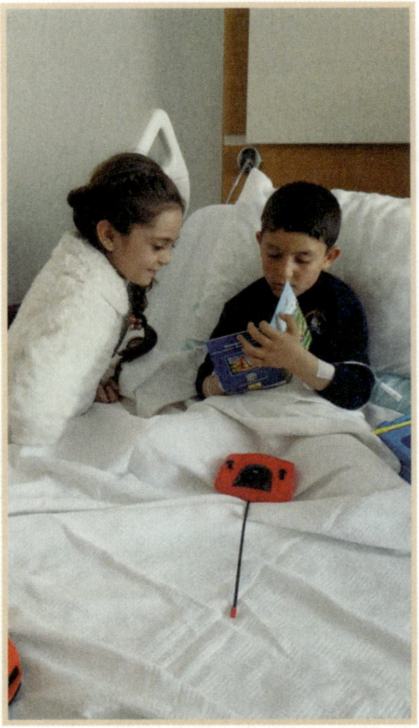

Ich helfe Menschen, indem ich auf den Krieg aufmerksam mache und darauf, wie schlimm er ist – vor allem für Kinder.

Auch Sie können helfen. Sie können helfen, indem Sie Menschen Geld geben, die Syrern helfen, wie zum Beispiel Organisationen, die sich um Flüchtlinge kümmern.

Oder Sie können mit anderen Menschen in Ihrem Land sprechen und Briefe an Ihre Präsidenten, Premierminister und andere Politiker schreiben und sie bitten zu helfen.

Oder Sie können nett zu einer Flüchtlingsfamilie sein und sehen, ob sie Hilfe braucht, um sich im neuen Land zurechtzufinden. Denken Sie daran, diese Menschen haben Heimweh.

Sie können auch beten oder anderen gute Wünsche schicken, wenn Sie zum Beispiel Ihre Geburtstagskerzen ausblasen oder eine Münze in einen Brunnen werfen.

Ich bin acht geworden, während ich an meinem Buch arbeitete, also durfte ich mir etwas wünschen, als ich meine Kerzen ausblies.

Es war schwierig, mich für nur einen Wunsch zu entscheiden, denn ich habe viele, zum Beispiel:

Ich will nie wieder eine Bombe sehen oder hören.

Ich will eines Tages nach Hause gehen und in Aleppo leben können.

Ich wünsche mir eine kleine Schwester.

Ich will zur Schule und auf die Universität gehen.

Vor allem aber will ich, dass die Leute aufhören, sich mit Bomben und Gewehren zu bekämpfen, in Syrien und überall auf der Welt.

Ich wünsche mir, bitte, dass Frieden ist.

Ich bin jetzt acht Jahre alt, und das ist mein Wunsch.

FROZEN

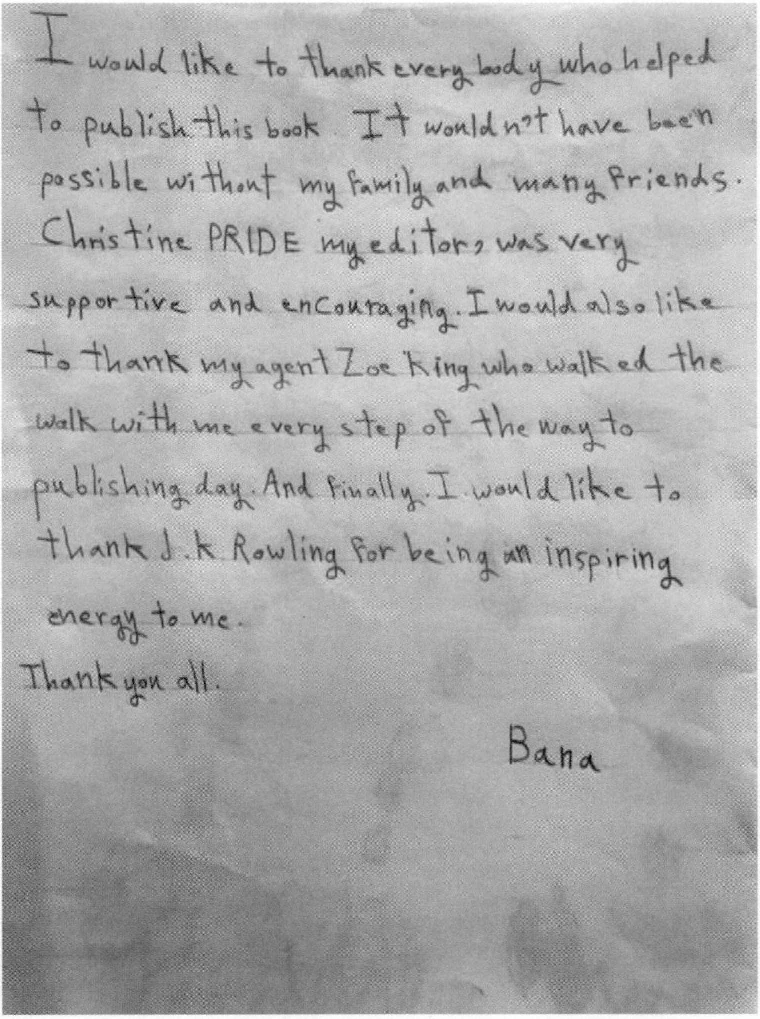
I would like to thank every body who helped to publish this book. It wouldn't have been possible without my family and many friends. Christine PRIDE my editor, was very supportive and encouraging. I would also like to thank my agent Zoe King who walked the walk with me every step of the way to publishing day. And finally, I would like to thank J.K Rowling for being an inspiring energy to me.

Thank you all.

Bana

Übersetzung siehe Folgeseite

Ich möchte allen danken, die mir geholfen haben, dieses Buch zu veröffentlichen. Ohne meine Familie und viele Freunde wäre es nicht möglich gewesen. Christine Pride, meine Lektorin, hat mich sehr unterstützt und ermutigt. Danken möchte ich auch meiner Agentin Zoe King, die mich auf dem gesamten Weg bis zum Erscheinungstag bei jedem Schritt begleitet hat. Und schließlich danke ich noch J. K. Rowling, weil sie mich inspiriert und mir Kraft gegeben hat.

Vielen Dank euch allen.

Bana

Quellen:

Seite 15

Der Koran. Aus dem Arabischen übersetzt von Max Henning. Philipp Reclam jun. GmbH & Co. KG, Stuttgart, 2015, S. 607 (Sure 113)

Seite 72

Der Koran. Aus dem Arabischen übersetzt von Max Henning. Philipp Reclam jun. GmbH & Co.KG, Stuttgart, 2015, S. 232 (Sure 12:64)